ANÉCDOTAS DE GUARDERÍA

Anécdotas
de guardería

Javier Salvatierra

GRUPO ZETA

Barcelona • Madrid • Bogotá • Buenos Aires • Caracas • México D.F. • Miami • Montevideo • Santiago de Chile

1.ª edición: abril 2013

© 2013, Javier Salvatierra
© Ediciones B, S. A., 2013
    Consell de Cent, 425-427 - 08009 Barcelona (España)
    www.edicionesb.com

Printed in Spain
ISBN: 978-84-666-5318-3
Depósito legal: B. 4.940-2013

Impreso por LIMPERGRAF, S.L.
Mogoda, 29-31 Polígon Can Salvatella
08210 - Barberà del Vallès (Barcelona)

A Ana, Pablo y Jaime.
A mi padre, mi madre y mis hermanos.
A Blanca, Marta y compañía,
que les das dos semillas y te devuelven dos flores.

GRACIAS

Estas son las personas sin las que este libro no sería ni remotamente posible. Son las educadoras y el educador que han respondido a mis llamadas telefónicas, creyéndose que era quien decía ser, que se han entrevistado conmigo personalmente o que me han ayudado a través del correo electrónico.

María Aguiló. Directora y propietaria de la Escuela Infantil Es Petits, en Sóller (Mallorca), abierta en 1978.

Blanca Alcalá. Propietaria y directora de la Escuela Infantil Cucutras en Madrid. Tras doce años como maestra y encargada en una guardería, no escuela infantil, decide poner en marcha la suya propia en 2003. **Marta Caño**, técnico superior en educación infantil, comenzó a trabajar con Blanca en 2007. **Sonia Castro**, también técnico superior en educación infantil, lo hizo dos años antes. **Yolanda Marín**, con la misma titulación, lo hizo en 2008. **Montse García**, auxiliar de jardín de infancia, trabajó durante nueve años hasta que en 2003 formó parte del equipo fundador de Cucutras.

Delfina Armas. Educadora en la Escuela Infantil Nanos, en Santa Cruz de Tenerife desde hace dieciocho años.

María Bernabé. Propietaria y directora de la Escuela Infantil Lala Lunera, en Plasencia (Cáceres).

Estefanía Campos. Aunque lleva nueve años en el campo de la educación infantil, es directora de la Escuela Infantil Trastes-Los Rosales, en A Coruña, desde su apertura en 2010. **Estíbaliz Barbeito** (licenciada en magisterio de Educación infantil y en Psicopedagogía) y **Silvia Visos** (Técnico en Educación Infantil) son empleadas de Trastes.

Mary Cruz Collado. Psicopedagoga y mediadora familiar, es directora de la Escuela Infantil El Bibio, en Gijón (Asturias). Antes denominada Guardería Laboral Corazón de María, el centro lleva funcionando más de cuarenta años, Mary Cruz trabaja en él desde hace más de treinta y cinco. **Aurora Valverde,** licenciada en Magisterio en la especialidad de Educación Infantil, lleva diez años trabajando en El Bibio.

Ana Díez de Oñate. Directora y propietaria de la Escuela Infantil Party, en Marbella (Málaga). Abierto en abril de 1977, Ana se hace con las riendas a principios de los noventa, tomándolas de su madre.

Paula García: Directora, propietaria y educadora en la Escuela Infantil Fábula, en Torrelavega (Cantabria), de la que se hizo cargo en 2009.

Miriam González. Encargada de la Escuela Infantil Fantasy-Cortijo Grande, de la cadena Fantasy, en Almería. Ocho años de experiencia.

María Gorri. Directora y propietaria de la Escuela Infantil Chikilandia, en Olite (Navarra). Centro abierto en el año 2007.

Marga López. Directora y propietaria de la Escuela Infantil Cáscara de Nuez, en Talavera de la Reina (Toledo). **Susana** y **Cecilia** son sus empleadas.

Susana. Técnico Superior en Educación Infantil. Empleada desde 2005 de una guardería de Cádiz cuyo nombre prefiere no dar a conocer.

Pilar Marcos. Tutora de un grupo de 4-5 años en Educación Infantil de segundo ciclo (3-4 y 4-5 años), trabajó durante tres años en la Escuela Infantil Campanilla, en Ribarroja de Turia (Valencia).

Cristina Molina. Copropietaria del Centro de Educación Infantil Mi Cole, en Zaragoza. En el centro desde 2007, había trabajado antes durante dos años en otra escuela.

Nuria Ovejero. Directora y propietaria de la Escuela Infantil Querubines, en Soria, abierta hace dieciocho años. Gestiona además la Escuela Infantil Municipal San Marcos, en Chiloeches (Guadalajara), y otra escuela infantil pública en Soria.

María José Pablos. Educadora en la Escuela Infantil Pibobaby, en Bollullos de la Mitación (Sevilla).

Gemma Palacios. Directora y copropietaria de la Escola Bressol Pam i Pipa, en Barcelona. Licenciada en Magisterio, abrió el centro en 1991.

Carmen Pazos. Gerente del grupo Mis pollitos, empresa propietaria de las Escuelas Infantiles Mis Pollitos. **Almudena Selma Carrasco**. Coordinadora de la Escuela Infantil Mis Pollitos-Salesas, en Salamanca. **Luz María Alonso**. Coordinadora en Mis Pollitos-Doñinos (Salamanca), tiene experiencia en otras varias guarderías, centros infantiles, escuelas.

Javier Pizarro. Con catorce años de experiencia en la educación infantil y tras haber pasado por varios centros, trabaja en una escuela infantil pública en San Martín de la Vega (Madrid).

Marisol Planelles. Propietaria y directora de la Escuela Infantil Mar de Soles, en San Juan (Alicante).

Gema Rodríguez. Directora y propietaria de la Escuela Infantil Manoplas, en Alcobendas (Madrid). Tras trabajar en otros centros, abrió su escuela en 2010.

M.ª Ángeles Sanz. Copropietaria y directora pedagógica de la Escuela Infantil Los patitos de NOMA, en Mojados (Valladolid). Abrió la escuela en noviembre de 2008.

INTRODUCCIÓN

¿Puede un niño levitar si se acerca un helicóptero? ¿Cómo es eso de dar una clase con una cabritilla triscando entre las mesas? ¿Bailan sevillanas los bomberos? ¿Llega la nieve a Almería en cajas? ¿Cómo se van al cielo las personas que nos dejan? ¿Adquieren algún poder especial al trascender? ¿Pueden las lentejas desatar una revolución? ¿Qué misterioso encanto tiene la caca que atrae las manos de los niños? ¿Son capaces críos de dos años de trabajar en equipo para esquivar a la malvada judía verde? ¿Es Jesucristo un sanador de enfermos o un mero guardián del orden? ¿Es digestivo el chorizo en aceite? ¿Hasta dónde llega la potencia trituradora de una batidora? ¿Se puede aprender a escribir metiendo alubias en una botella? ¿Puede un niño de dos años describir la fachada de una iglesia románica? ¿Conocen algún caso en que un babero sea la clave de una investigación? ¿Qué hacer si, presa de un ataque otoñal violento, un diente de leche sale de su sitio? ¿Incluye la comida a domicilio una persona que nos dé de comer? ¿Qué significa *cazzo*? ¿Qué es un monasterio?

Bonita colección de preguntas. Solo falta aquella de «¿A qué huelen las cosas que no huelen?». No me provoquen, que se me ocurren más y podría llenar de ellas esta introducción. He de reconocer que muchas de ellas pueden parecer absurdas —díganmelo a mí, que las he redactado— y no es porque el autor haya tenido un ataque, transitorio o permanente, de locura. Cualquiera que se aventure en el mundo de los niños puede encontrarse con preguntas similares y recibirá respuestas que no espera. Yo me adentré en ese mundo hace apenas un lustrete, y aquí me hallo ahora, planteando preguntas... peculiares, cuando menos.

Y lo peor de todo, lo que más puede hacer dudar de mi salud mental, es que he dedicado varios meses a responderlas, que es precisamente de lo que va este libro. Bueno, reconozco que es al revés, tenía las respuestas a las preguntas de ahí atrás antes de plantearlas. Porque, la verdad, nunca se me habría ocurrido que una escuela infantil fuera la solución a problemas alimentarios o que una maestra pudiera adoptar a uno de sus alumnos, siquiera parcialmente. Tampoco había sospechado nunca que una cubeta de arena pudiese servir de aprendizaje para la escritura o que se podía correr un encierro de Sanfermines en una guardería.

Y así llegamos a la palabra clave. Guardería. El origen. Jolín, parece el título de una película mala, olvídenlo. Guardería. Mis dos hijos han estado —están, escribo esto justo después de dejar al pequeño en la suya— escolarizados en guarderías. Y sin embargo no me había parado demasiado a pensar que lo que hacen en ellas es un poco secreto. No es que sea material clasificado, si lo preguntas te lo dicen, puedes verlo en directo en muchos casos, en plan *Gran Hermano*. Pero no siempre es posible. A veces, solo a veces, el jefe no te deja estar mirando horas una cámara web en tu ordenador de la oficina para ver lo artistazo que está hecho tu hijo con una cera en la mano, no digamos con la pintura de dedos. A veces, solo a veces, no te puedes quedar toda la mañana mirando por la ventana de la guardería a ver qué hace el canijo, si llora o si le sacude al compañerete, que se lo estaba ganando a pulso, el rubiales ese, que es más malo... A veces, bastantes veces, no te dejan en la guardería, no puedes pasar de la puerta, como pasaba en la mía, no puedes ver que, como te han dicho, efectivamente se come la verdura y las croquetas o para que puedas apreciar lo canalla que está hecho, que se guarda el tío lo que no le gusta en el bolsillo del babi y luego elimina las pruebas dejando el bocado en cualquier escondite.

En resumen, que a lo mejor está bien que veamos algunas cosas y casos que ocurren en estas escuelas, o cerca, donde la talla media no llega ni a un metro, lo cual no impide que los golpes, ahora veremos alguno, puedan llegar a ser morrocotudos —recuerdo un mensaje en Twitter de Javier, que decía «Bebés que, agarrados al filo de la mesa, gritan con desesperación, como si estuvieran colgados de la cornisa de un rascacielos de Nueva York»—; donde los virus campan a sus anchas pero un posible, solo posible, sarampión puede movilizar a media ciudad o uno de salmonelosis provoca la llegada del CSI; o donde la temperatura heladora puede llevar a una madre amantísima a blindar el calor de su hija.

Y sí, he dicho escuelas. Hace tiempo, no mucho, no se crean, que en España se acabó con lo que he empezado a llamar «guarderías de guardar». Nuestros hijos van a estos centros a aprender y los profesionales que trabajan en ellos son maestros, bueno, maestras en su inmensa mayoría; unos licenciados en Magisterio y otros titulados en la FP de Educación infantil. Veremos cómo enseñan a nuestros hijos lo que es el rojo, que parece obvio, pero para un enano que no sabe qué es color... Veremos qué utilizan para aprender a contar o si son capaces de reconocer a un compañero que hace tiempo que no viene —pobrecito, está malito—, incluso aunque el amiguete esté identificado en la percha con el dibujo de un submarino.

En fin, que yo intento abrir las puertas de algunas de estas escuelas para que se hagan una idea, como me la he hecho yo, de las cosas que ocurren en ellas. Historias pequeñas o grandes, anécdotas, que he recogido en media España. Algunas tienen mucha gracia, otras pueden poner los pelos de punta, otras ni una cosa ni la otra. Pero vamos, que pasamos, a partir de esta página, al modo de puertas abiertas. Así que pasen y vean. Y cuidado, hay enanos por todas partes.

1

La entrada. Buenos días

La decisión de dejar a nuestro pequeño en una guardería no es fácil. No se preocupen, no voy a hacer una retahíla de pros y contras de dejar a un niño de meses en manos de educadores ni un listado de recomendaciones sobre qué centro elegir porque ni es el propósito de este libro ni tendría la más remota idea de cuáles podrían ser esas recomendaciones. Mi experiencia personal es la del boca a boca y la suerte, trufado con alguna pizca del criterio de cercanía, otra del de operatividad y otra del mundialmente conocido como «me queda a mano».

Voy a dejar en manos de Javier la descripción de lo que supone entregar un niño a unas personas a las que, en la mayoría de los casos, no conoces de nada; en un centro que, con suerte, alguien te ha recomendado y con una edad que, generalmente, nos lleva a pensar que el niño, gracias a Dios, no se va a enterar de nada porque lo único que hace es comer y dormir.

Javier lleva más de catorce años en el negocio de educar niños pequeños. Es el único varón que he encontrado entre las decenas de educadoras que he entrevistado. En el momento de la entrevista, Javier tenía a su cargo la clase de los bebés, de entre cuatro meses y un año. «Cuando viene una familia, está muy nerviosa, hay una cierta distancia, que hay que reducir con profesionalidad. Si es que es lógico. Entran niños de cuatro meses y viene el papá/mamá con su pegotito, que es lo que más quiere en el mundo. Y lo deja porque no tiene más remedio. Nos podemos creer la educación infantil —el ministro de Educación a finales de 2012 no se la cree, pero en fin—, podemos creer que lo mejor es la escuela infantil, que los niños van a estar muy bien, nos podemos creer todo eso. Pero, si ese papá/mamá pudiera, lo que realmente haría sería quedarse con su pegotito en casa el tiempo que fuera necesario, los tres años, cuatro, cinco... Y dejarlo en una guardería te genera miedo, inseguridad, sentido de culpabilidad, porque lo vas a dejar, tienes que dejarlo en un sitio. Confías, quieres confiar, en definitiva, tienes la necesidad de confiar en el centro al que lo vas a llevar. Y eso cuesta un trabajo.» Profesionales como Javier tratan de ayudarnos a superar ese sentimiento de culpa con su profesionalidad, hablando y escuchando, manteniendo entrevistas con los padres para que vayan relajándose y aceptando que el niño no solo va a estar bien cuidado, sino que aprenderá un buen montón de cosas. En una palabra, convenciéndoles para que matriculen al niño en su primer cole.

Delfina Armas trabaja en una guardería de Tenerife desde hace dieciocho años. «Yo veo cómo sufren las madres cuando traen a un bebé de cuatro meses. Yo les explico, les mando incluso fotos para que vean cómo están sus hijos, les invito a que pasen por la escuela a cualquier hora sin que los niños las vean. Esos primeros momentos en que el niño llora son normales, es el despegue de los padres. Pero a los cinco minutos están jugando. Y si son pequeños, es la mejor edad para traerlos, porque no sufren nada y sus necesidades de sueño o comida están cubiertas. Y disfrutan. Yo noto la diferencia entre niños que han empezado de bebés y los que empiezan con dos años, por ejemplo. La diferencia es abismal: son más despiertos, más abiertos, más receptivos, corren, vuelan, juegan... En definitiva, son niños más felices.» Habrá, seguro, quien piense lo contrario.

Por otra parte, a muchos no nos han tenido que convencer de las bondades de una guardería, porque no nos quedaban más cáscaras. La forma en que hemos montado la sociedad nos deja pocas opciones al respecto.

Que se lo pregunten a la mamá de J., que trabajaba hasta muy tarde y apenas tenía tiempo para ver a su hijo. Se lo llevaba a María B., dueña de la escuela Lala Lunera, en Plasencia (Cáceres). «Trabajaba hasta las diez de la noche, no podía estar con él nada. Y fue un día que lo dejó en la guardería y no había cogido todavía el coche y empezó a andar el niño.» En realidad sí que había cogido ya el coche. «Se lo había perdido, se lo había perdido y se acababa de ir. La llamé cuando llegó al trabajo: "J. acaba de dar sus primeros pasos." Y la pobre se echó a llorar.»

Hace no muchos años era distinto. La legislación que regula las escuelas infantiles actuales no tiene más de veinte años. Anteriormente, existían los centros que han dado el nombre con el que todos nos referimos a estas escuelas: guardería. Como su propio nombre indica, estos centros servían para guardar niños, su carácter era meramente asistencial. Si ofrecían algún tipo de aporte educativo era por la buena voluntad de sus empleados. Mary Cruz Collado dirige la escuela infantil El Bibio, en Gijón, donde trabaja desde hace más de treinta y cinco años. Esta peculiar escuela —tiempo habrá de hablar de ella— procede «de las antiguas guarderías laborales. A ti no te sonarán —pues no, Mary Cruz—, pero ya fueron creadas por el franquismo y tenían por función atender a niños de madres que trabajaban. Eran meramente asistenciales». Incluso de caridad. Una señora que conoció Mary Cruz en sus primeros años de trabajo llevaba a El Bibio todas las mañanas a dos críos. Uno era su nieto. El otro era un niño al que cuidaba. Este se quedaba en el centro. El nieto se volvía con ella a casa.

—Y el crío, ¿cuándo va a venir? El nieto.

—¡Huy! ¡Mi nieto aquí no va a venir!

Impensable. Uno de esos centros de caridad. ¡Ni hablar! ¡Por favor!

«[A nuestra escuela], el carácter educativo se lo fuimos dando nosotros.» Recuerda Mary Cruz una visita a una escuela infantil en Italia: «Nosotros teníamos cuarenta críos en el aula y allí había como doce o así. Y decíamos: "Dios mío, ¿cuándo podremos bajar la ratio?" Además, allí, para cada niño discapacitado había una persona de apoyo y aquí eso era impensable. Pero bueno, fuimos evolucionando.» Ya lo creo. Actualmente, según las distintas disposiciones legales de las distintas comunidades autónomas, que son las que tienen la competencia de educación, las escuelas infantiles pueden tener, por unidad, es decir, por clase, un máximo de ocho bebés de cero a un año; entre doce y catorce niños de uno a dos años y hasta veinte niños de dos a tres años. En cualquier caso, el carácter asistencial que tienen las escuelas infantiles es innegable: «Hay padres que necesitan traer el niño porque trabajan y no tienen dónde dejarlo», como dice Mary Cruz. Algunos de los textos legales desde la LOGSE de 1990 que han desarrollado la educación infantil (hasta los seis años, cuando comienza la escolarización obligatoria) o preescolar (hasta los tres) incluyen la palabra «asistencial» para referirse a la finalidad de esta educación temprana. No lo hace la última, la LOE, de 2006, que sostiene que «constituye la etapa educativa con identidad propia que atiende a niñas y niños desde el nacimiento hasta los seis años de edad». A finales de 2012 no es previsible que esta ley vaya a durar mucho.

EN LA PUERTA

Bueno, vale, ya estamos convencidos/obligados. Llega el momento de levantarse temprano, sacar al niño de su cuna, vestirlo —o no, que hay algunos que llegan directamente del colchón, pijama incluido—, darle un biberón —o no—, meterlo en el coche/carrito y plantarnos con él/ella en la puerta de la escuela que hayamos elegido. Comienza en este instante uno de los momentos más duros en la escolarización de nuestro hijo, más incluso que los cinco suspensos que nos traerá en segundo de BUP. [Ah, no, que ahora es la ESO; bueno, puede volver en cualquier momento.] Una chica sonriente nos recibirá, hará unas carantoñas al mochuelo y, mientras nuestro corazón se encoge, se lo llevará de nuestro lado. En la mayoría de los centros, el padre/madre se quedará en la puerta, en algún tipo de recibidor, dado que no es habitual que nos dejen pasar a la zona donde habitan los pequeños. —Cada vez hay más que sí lo permiten, lo veremos a continuación. Eso facilita un tanto las cosas, aunque no del todo—. En un alto porcentaje de los casos, el nuevo escolar comenzará a llorar como un becerro. Ellos sienten que son abandonados, no saben que su mamá/papá vendrá a buscarles en algún momento del día. Su concepto del tiempo no es el nuestro, no entienden de futuro, ellos son todo presente. Así que, a llorar. Nos recomiendan en las guarderías que no alarguemos el momento de la entrada, que nos despidamos sonrientes con un beso y adiós. Pero el que no haya pasado por el proceso de entregar a su pegotito a una completa desconocida no sabe lo difícil que es no volverse cuando te despides y el pegotito está arrasado en lágrimas, echando los brazos por encima del hombro de la educadora, intentando zafarse de su abrazo; no saben lo que cuesta no volver a estirar los brazos para volver a cogerlo, no intentar tranquilizarlo durante el tiempo que sea necesario para que entre voluntariamente al aula, no volver a llamar al timbre si es que se ha reunido finalmente el valor para cerrar la puerta y se sigue oyendo el llanto, no llamar inmediatamente por teléfono en cuanto se llegue al trabajo para cerciorarnos de que el niño no se ha tirado desde la mesa Mammut de Ikea o desde un cambiador dejando una carta para el juez.

Una que sí hizo caso a eso de las despedidas breves fue una mamá que dejó a su hija en la guardería en la que Pilar Marcos trabajaba en Ribarroja, no muy lejos de Valencia. Campanilla se llama. La guardería, no la niña. «Entraba nueva a la guarde, con tres añitos, cuando el centro aún tenía segundo ciclo de infantil —hasta los seis años—. Fue a parar a un aula que tiene tres ventanas, que dan al jardín y al patio. La madre entró y dejó a la pequeña, que se puso a llorar acto seguido.

»—C., cariño, no llores, no pasa nada, si mamá viene enseguida. Tú no te preocupes. ¿Por qué lloras? —le decía yo.

»—Porque mamá no se ha asomado por ahí, ni por ahí, ni por ahí.

»Pretendía que su madre se asomara por todas las ventanas para decirle adiós.» Y porque no había más ventanas. «C., cariño, no se lo tengas en cuenta», a mamá le habían dicho que las despedidas, mejor breves. Aunque el niño se quede en territorio desconocido.

Oigamos de nuevo a Javier. «Imagínate que tú te metes en un sitio donde no conoces el idioma, donde no conoces a nadie, donde no sabes si te van a dar de comer o si van a atender a tus necesidades y allí que te defiendas. Un niño de meses no sabe qué va a pasar, tiene la sensación de que lo dejan, de que lo abandonan.» Pues eso.

Novatos que tengan este libro entre las manos: No se preocupen demasiado. Pasará. Para eso están los periodos de adaptación, en los que vamos dejando al niño en intervalos cada vez más largos. Al cabo de no mucho tiempo, la historia será al revés: el padre/madre se irá llorando cuando vea que el niño se echa en brazos de su educadora en cuanto la ve aparecer, pasa por completo de despedirse y es el progenitor el que se marcha a trabajar arrasado en lágrimas y cuestionándose su valía como padre. Esto también pasa. Y duele incluso más.

Para hacer más llevaderos estos duros trances, incluso para suprimirlos, las nuevas tecnologías constituyen un poderoso aliado. Es relativamente frecuente que los centros cuenten con cámaras web con las que los padres pueden ver en cualquier momento qué están haciendo los niños. Y los educadores. No siempre, en todo caso, son efectivos al cien por cien. «Lo de las cámaras es guay, porque los padres no ven a sus hijos, no los diferencian.» La que habla es Nuria Ovejero, directora, propietaria y educadora en la escuela infantil Querubines, en Soria. ¿Cómo que no los diferencian? Será por la calidad de la imagen, por el tamaño de la pantalla... «Pero si los diferencio yo. Me pongo a mirar la cámara y digo "Mira, A., el tal, el tal..." Si los diferencio a todos.» Será la costumbre, Nuria. «Hay padres que me llaman a media mañana y me dicen "Oye, búscame a mi hijo, que no lo encuentro."» «¿Que no diferencias a tu hijo?» Y ella se coloca delante de la cámara, teléfono en mano, y, como el que sale en la tele por primera vez, saluda con la mano y señala al pequeño para que el padre, al otro lado de la pantalla, lo localice. «¿Y te llaman para eso, Nuria?» «Para eso», y se ríe. Nunca he estado en esa situación, porque la escuela de mis hijos no tenía. Y mejor, porque me da la sensación de que mi trabajo se habría resentido, todo el día mirando a ver qué hace el mocoso. Un poco obsesivo soy.

Otro ejemplo de que las nuevas tecnologías pueden ayudar en estos dolorosos momentos viaja hasta este libro desde Talavera de la Reina, en Toledo. Marga López y sus compañeras Cecilia y Susana han recurrido a los teléfonos de última generación para que los padres se vayan tranquilos al trabajo.

Marga sostiene que los niños son «superfelices en la guarde» y que, salvo en los primeros días, «las pataletas típicas en la puerta son para hacer daño psicológico a los padres. O sea, llegar a la puerta y empezar el crío "¡No quiero entrar, no quiero entrar! ¡Que no, que no!". Pura filfa. De repente, cierras la puerta, el padre se marcha, el niño te da la mano y te dice: "Venga, vamos a jugar."» Y ella mira al pequeño terrorista emocional pensando: «Eres lo peor, acabas de hacer que tu padre/madre se vaya HECHO POLVO.»

Bien, para episodios como este ha nacido el WhatsApp, el completo servicio de mensajería que incluye, oh, sí, la posibilidad de enviar vídeos de manera rápida y, oh, sí, con la hora —se acabó la típica foto, tipo secuestrador, con un periódico del día—. «Tu pequeña, esta mañana, monta un pollo al entrar a la guardería: "¡No quiero entrar, no quiero entrar!" Y tú te vas a trabajar bien tostado. Bueno, pues nosotras, para que te quedes tranquilo y para que creas lo que te contamos, que la niña está fenomenal, te lo grabamos. Además, ahora con los teléfonos de última generación, ya sabes que te sale la hora de la grabación y todo, para que veas que no es un montaje. Entonces, te lo grabamos y te lo enviamos, para que te quedes tranquilo.» Me parece una idea genial. «Y el padre A-LU-CI-NA.»

Hacen esto Marga y sus compañeras habitualmente, pero sobre todo en septiembre, cuando empieza el curso y es cuando los niños, veteranos o noveles, lloran más. «Pero a la semana siguiente el niño está totalmente integrado. Es decir, que si monta el pollo es porque quiere hacer daño a los padres.» Tan mala intención no les presupongo yo a los pequeños, pero... «Es que los niños manipulan de forma brutal a los padres. Aquí hay padres que dicen:

»—Jolín, me siento fatal porque yo, por ejemplo, no estoy trabajando y estoy trayendo al niño a la guardería y fíjate la pataleta que se coge. Me siento mal padre o mala madre.

»—¿Pataleta? Tú no te preocupes. Te lo vamos a grabar mañana y vas a ver cómo disfruta el niño en la guardería.

»Y eso es lo que estamos haciendo. No se les deja entrar en la guarde, porque la legislación en Castilla-La Mancha no permite que los adultos entren cuando hay niños en el centro, pero se intenta mostrar lo máximo posible todo lo que ocurre en la guardería. Para facilitar la vida a los padres y para su tranquilidad.» Y para que queden advertidos de la catadura moral de los pequeños chantajistas con pañales.

Sin tener que recurrir a los últimos avances, hay centros que lo que hacen, directamente, es permitir a los padres que entren al aula para dejar a los niños sentaditos en su pupitre. Porque Gemma Palacios y su socia así lo quisieron, sus dos escuelas, Pam i Pipa,* en Barcelona y Sant Pedor, son de puertas abiertas. «Los padres entran, pueden estar cada día un ratito en la clase, hasta que al niño lo ven bien y entonces marcharse. Por la mañana tienen media hora, de nueve a nueve y media, que pueden apro-

---

* Muchos no catalanoparlantes se habrán preguntado, como yo me lo pregunté, qué diantres significa Pam i Pipa. Gemma explica que es una expresión que hace referencia a esa burla que se hace poniendo un pulgar sobre la nariz, las dos manos unidas por el pulgar y el meñique y que se acompaña de un movimiento como de tocar la trompeta. Eso es hacer *pam i pipa*. De nada.

vechar para comentar algún tema con la tutora, estar en clase jugando con los niños...» «Puede eso convertirse en un caos, Gemma, con cinco padres comentando con la educadora mientras sus cinco niños, más los de los padres que no tenían nada que comentar, juegan libremente por el aula.» «Bueno, muchas veces los padres aprovechan para dormir esa media hora y dejan a los niños al filo de las nueve y media. Pero bueno, eso es cuando los niños ya tienen la confianza suficiente como para no armarla cuando los dejan en clase.»

FALTA DE VISIÓN Y EMPANADA GALLEGA

No siempre es la intranquilidad la que nos sujeta a la hora de llevar a un niño a una guardería. A veces son razones de otra índole. Javier Pizarro tuvo una experiencia en ese sentido. Al principio de su carrera, además. Ahora trabaja en una escuela infantil municipal en San Martín de la Vega (Madrid), pero la historia que narro a continuación tuvo lugar en otra. Le tocó en clase un niño con necesidades educativas especiales. P. era su nombre y tenía un déficit visual: «Veía muy poquito.» Era su abuela la encargada de traerlo y llevarlo a la escuela, tanto la primera vez como las sucesivas. Así que, al inicio de curso, allí se presentó por la mañana con P. en brazos. Abrió la puerta, vio a Javier y, acto seguido, la cerró. «Porque era un chico.» Lo siguiente que hizo fue «ir al despacho de la directora del centro y pedir que cambiaran de clase a su nieto. Que quería una profesora». A las reticencias de la señora a que su nieto acudiese a la guardería teniendo como tenía ese déficit visual se sumó el choque de ver a un hombre a cargo de una tropa de bebés. Aquello era demasiado.

La directora habló con la señora, le habló de la profesionalidad y responsabilidad de Javier, de las cosas que iban a trabajar con el niño. En fin, lograron salvar el primer envite. «¿Y cómo te manejas con un niño de estas características?» «Muy poco a poco.» «Jolín, Javier, extiéndete un poco más.» No diferencia demasiado Javier en el trato a un niño con necesidades especiales del trato a uno sin ellas. «Sus primeros días fueron muy difíciles, porque son niños que necesitan sobre todo establecer el apego, la vinculación. Hay que ir ganándoselos, con rutinas —que tranquilizan—, con afecto.» «Un niño de seis u ocho años te puede decir que no le gusta un profe, que le ha pegado un compañero o que no le gusta pintar. Pero un bebé de cero a tres años tiene otras formas de comunicación. Cuando el niño llega a casa contento, cuando no se quiere ir del cole o cuando al día siguiente vuelve y hay una sonrisa hacia el educador, entonces has ganado.» Javier lo consiguió.

Esa es en realidad también la forma de ganarse a la abuela. «Es un proceso largo, al principio muy serio.

»—Buenos días, Luisa.

»—Buenos días, Javier.

»Ella tiene una desconfianza, que a ella le parece lógica, va preguntando qué tal el niño, va como probándote, poniéndote pruebas durante muchos días. Vas superando esas pruebas con tu profesionalidad, contando la verdad de lo que hace el niño. Siempre tienen que ser ellos los que den el primer paso hacia la confianza. Cuando la abuela ve que el niño ha superado el periodo de adaptación, primero; cuando ve después que el niño va contento al cole, que me da un abrazo y un beso cuando abre la puerta por las mañanas; cuando ve todo eso, dice: "Vaya, algo bueno está pasando aquí dentro".» La abuela se va relajando y aceptando a ese señor con barba al que su nieto abraza, y más se relaja cuando va hablando con otras mamás de la clase, «eso también ayuda, da más confianza». Después empiezan las bromillas, «que empiezan por parte de ella, para ver si tú la sigues». Al final, «un día te dice que es de Galicia, le comentas lo buenas que están las empanadas gallegas y te contesta "Sí, hombre. A ti te voy a hacer yo una empanada..."». Pero llega la Navidad, y ahí que se presenta Luisa con su empanada para Javier. «Entonces sabes que ha pasado algo que funciona.» Sí, el horno de Luisa, por ejemplo.

UNA AYUDITA PARA LA ENTRADA

El trabajo que hace Javier y el resto de profesionales para facilitar el aterrizaje en la guardería lo hacen también en ocasiones algunos niños. No, no es explotación infantil. Por algún motivo desconocido para mí, me he encontrado con varios críos que, poseídos por el espíritu de esos porteros de finca en vías de desaparición, se erigen en relaciones públicas de sus escuelas. Susana, de Cádiz, por ejemplo, tiene un comité de bienvenida, un pequeñajo que «siempre está saludando a todo el mundo: "Buenos días, buenos días, *good morning*." Como en la salida de la cabalgata». O P., que recibía a la entrada de Els Petits, la *escoleta* en Sóller (Mallorca) de María Aguiló, de la que hablaremos más adelante.

Otros se dedican, preferentemente, a alegrar el día a sus educadoras. En la guardería Chikilandia, en Olite (Navarra), había uno que «todos los días nos traía flores», a María Gorri, la propietaria, y a sus compañeras. Lo que tiene Chikilandia justo delante es el campo, lo cual facilita un tanto las cosas. Pero no deja de ser emocionante que un pequeño se acerque a su cole «todos los días, sin falta, con dos minutitos de antelación para coger unas florecillas a sus profes». Es lo que comentábamos un poco más arriba: «Al principio de curso lloran como locos y los padres se van superpreocupados. Y yo les digo: "Tranquilos, que se acaba pasando." Y a final de curso entran todos a la carrera, que ni se despiden de ellos, y los padres me dicen: "Ya lo decías, ya, que se pasa. Pero se pasa demasiado." Es que entran en su segunda casa», como dice María.

En El Bibio utilizan para la educación el método constructivista que, en pocas palabras, y que me perdonen los expertos, consiste en que es el niño el que, guiado, construye su propio conocimiento interactuando con el entorno. Vamos, dándose de bruces con el tema en cuestión y experimentándolo. En la escuela de Mary Cruz, se da «mucha autonomía al niño». Por ello, para facilitar la entrada en la guarde, los alumnos de esta peculiar escuela de Gijón, lo que hacen es sumergirse en ella. «En septiembre, se les hace una visita por la escuela para que la conozcan. Visitan las otras aulas, van a la cocina, conocen a la cocinera...» Si es que a los niños también se les gana por el estómago.

BOMBEROS CON ARTE

Entre niños que lloran o patalean, padres que entran y salen, comentan con las profesoras o entre ellos, traen o se olvidan las cosas que necesitan sus niños, la entrada a la guarde por las mañanas tiene mucho de caos. Añadamos a todo esto un incendio.

Llegaba una mañana de verano, del mes de julio, en concreto, María José Pablos a la guardería Pibobaby en el polígono industrial de Bollullos de la Mitación, en la provincia de Sevilla, cerca de la capital. El día había comenzado para unos cuantos muy temprano, de madrugada, cuando se declaró un incendio en una de las naves del polígono, a un par de calles de la escuela. «A las siete y media de la mañana, llego a la guardería y veo que hay un montón de humo, una peste...» María José despilfarra toneladas de gracia sevillana cuando habla. «Según me iba acercando con el coche, lo veía *to'* más oscuro. Y una peste horrorosa a *quemao*.» Entonces, María José no sabía dónde podía estar el fuego, así que abrió el centro para cerciorarse de que no lo tenía dentro. La guardería estaba intacta, pero todo apestaba a humo.

Entonces empezaron a llegar los críos. «Lo típico, las madres: "¡Uuuuuhhhhh! ¿Pues qué es lo que ha pasado?"» El incendio era la comidilla de los que iban llegando. "Pues no sé qué podrá ser." "Pues no lo sé, porque mira, estoy viendo el humo, pero esto tiene que ser de esta calle más para arriba." "Hay que ver, fíjate tú la que se ha montado ahí arriba." Pues nada, que tras varias horas de arder, entre las chispas y la calor, salieron al final ardiendo unas pocas de naves.» El tema del día, para los padres, muchos de los cuales trabajan en el polígono, y para los niños. Comentándolo, María José se juntó con cinco o seis niños. Al patio, donde los suelen tener a primera hora de la mañana en verano —no es plan de sacarlos a las once o las doce, a escasos veinte kilómetros de Sevilla, en el mes de julio o agosto— no los podía sacar, por el humo. Así que los tenía dentro del aula. «Con el aire acondicionado, con los ambientadores, porque era horrorosa, la peste.» En eso pasó un camión de bomberos.

Entre los cinco o seis con los que se había juntado María José, estaba N. Es una niña «muy aparente, muy dicharachera, muy *echá p'alante*. Le gusta mucho el baile y disfrazarse. No es de esas niñas apagadillas, que no habla. No, no, esta te habla por los codos». Y, sobre todo, contesta normalmente a lo que se le pregunta. «Pero yo no sé ese día qué es lo que le pasó.»

Decíamos que en esas estaban María José y sus chicos cuando pasó aullando un camión de bomberos. Como otros muchos profesionales de la educación infantil, María José vio el camión como una pequeña oportunidad para instruir a sus chavales. «Empiezas a hablar un poco con los niños:

»—¡Mirad, un coche de bomberos! ¡Qué chulo!

»—¡Qué chulo, qué chulo!

»—¿Y sabéis dónde va el coche de bomberos?

»—Pues a apagar el fuego.

»—¡Muy bien! ¿Y sabéis cómo van vestidos los bomberos?

»Aquí es donde N. se salta el guión.

»—De flamenco.

»—¿Cóóóóómo? ¿Cómo dices, N., cariño?

»—De flamenco —dice la niña muy segura, con todas las de la ley, con un fornido varón de calendario vestido de gitana en mente. Ni casco ni leches. Yo intentaba aguantar la risotada.

»—Y, entonces, los bomberos, ¿qué hacen?

»N. se mantenía en sus trece, su fértil imaginación recién estrenada a pleno rendimiento.

»—Pues bailar sevillanas.»

Olé. Pues claro. ¿Y qué, si no? Pues bailar sevillanas, como todo el mundo sabe. «Yo me pegué un lote de reír gordísimo. Vamos, yo y los demás niños» que, por qué no decirlo, no habían entendido nada, pero veían a su profe retorcerse por el patio. Por no mencionar al resto del personal, a los que esperaba en el trabajo un incendio y una buena historia.

Finalmente, los bomberos terminaron con éxito de bailar sevillanas, recogieron sus batas de cola y, entre aplausos, del respetable, abandonaron el escenario. No hubo que lamentar heridos.

2

La Asamblea. Pido la palabra

Ingresados los peques en la guardería, una vez que todos han despertado, porque los hay que vienen dormidos, desayunados, una vez que ya está todo el personal del centro operativo, los niños se van a su clase con su maestra y se procede a la Asamblea. El «*Bon Dia*», lo llaman en Pam i Pipa (Barcelona) o «Saludo» en Chikilandia (Olite), pero en casi todas partes se conoce como Asamblea a esta reunión de la educadora con todos sus alumnos en la que se habla de lo divino y lo humano. En muchos casos, es el único momento del día en que están todos juntos, los niños y la educadora, haciendo lo mismo. En el resto del día, mientras ella cambia un pañal los niños juegan libremente, o unos hacen el rincón de disfraces mientras otros están en el del ordenador, o la profe lava unas manos mientras unos niños terminan una actividad y otros levantan edificios de varias plantas con piezas de colores para que llegue T. y lo tire todo al suelo.

La Asamblea es al mundo de la educación infantil lo que una conversación entre conocidos en un bar es a la comunicación entre adultos. En esta se habla del tiempo, se pregunta por otros conocidos y se pone uno al día de lo que se ha venido haciendo últimamente y de lo que se va a hacer en lo inmediato. Si quitamos la barra, las botellas y los parroquianos y lo cambiamos por una sala pintada de colores chillones, con estanterías llenas de pañales, chupetes, juguetes, cuentos y pinturas, con el suelo acolchado y pequeñas sillas y mesas repartidas aquí y allá, tal vez con un montón de colchonetas o hamacas apiladas en un rincón, tenemos una Asamblea. Con los niños sentados sobre una colchoneta en semicírculo, los profes les van anunciando lo que se va a hacer a lo largo del día —«Hoy vamos a pintar un mural con las manos, para alegría de vuestros papás. ¡Bieeeeeeeennn!»—, se pasa lista de una forma un tanto peculiar, cada centro a su manera, se recuerda lo que se ha hecho el día anterior o durante el fin de semana. Y se habla del tiempo, de la meteorología, de la estación del año en la que estemos y sus características.

El objetivo de la Asamblea es que los niños vayan conociendo su entorno y aprendan algunos conceptos. Que vayan sabiendo en qué momento del día, en qué día de la semana y en qué época del año están, qué características, colores, sensaciones y objetos lleva aparejada cada una de ellas; que distingan si hace frío o calor, cómo se siente y qué tienen que hacer para combatir una cosa o la otra; que conozcan qué prendas de ropa se llevan en cada estación, y dónde se ponen, así conocen también su propio cuerpo y sus partes; que sepan diferenciar sus nombres y los nombres y las caras de sus amigos y cuáles de ellos han venido o no al cole y por qué: porque están malitos o porque han salido de viaje; cuál es el estado de ánimo de cada uno y por qué se caracteriza —triste, boca curvada hacia abajo; contento, hacia arriba; enfadado, cejas en ángulo...—. Colores, formas, sonidos, números, poemas, canciones, cuentos... Todo entra en la Asamblea.

Y, sobre todo, es un espacio y un momento en el que se les da la palabra, en el más amplio sentido de esta expresión y en el más libre. Se les pregunta y se les anima a hablar, siempre respetando los turnos, claro. Los niños comienzan a explicarse, a contar sus aventuras, a decir cómo se sienten, a llamar a las cosas por su nombre o por el nombre que ellos le han querido dar... Y a inventar, también. Es, por tanto, terreno abonado para el cultivo de perlas, esas antologías de la lógica menos contaminada, de la fantasía más desbordante y del absurdo más inescrutable.

PASANDO LISTA

Como hemos dicho hace un momento, uno de los primeros quehaceres de la Asamblea es determinar quién ha venido y quién no. Es una gran ocasión para conocer a los amigos, relacionar sus nombres y sus caras y, también, para hacer una aproximación a los números. Teniendo en cuenta que las guarderías son campos de cultivo de virus e infecciones que dan mil vueltas al más moderno y tenebroso laboratorio del más maléfico enemigo mortal de James Bond, raro es el día en que no tenemos que sumar o restar altas o bajas al número de alumnos de ayer. Así, podemos también distinguir fácilmente entre Pablo García y Pablo Fernández.

Los niños de entre uno y tres años —con menos edad

no se suele hacer la Asamblea, o al menos no como se está explicando— tienen una capacidad de atención limitada. No les podemos tener media hora leyendo nombres para que digan «¡Presente!» porque se levantarían a los dos minutos. Hay que hacérselo atractivo. Cuando María Ángeles Sanz pasa lista en su guardería Los patitos de Noma, en Mojados, a unos veintisiete kilómetros al sur de Valladolid, utiliza un castillo, que para eso están en tierras castellanas, con sus almenas, su torre del homenaje y su puerta tras el puente levadizo. Cuenta el recinto amurallado con una torre aneja, separada del resto. Aquí se colocan las fotos de los que no han venido. Los presentes distribuyen sus tropas por el cuerpo principal de la plaza. Eso sí, siempre piden a María Ángeles o a Noelia, su socia, o a sus empleadas defender la fortaleza desde lo más alto, aupándose a las almenas y ladroneras. Y nada de que las profes se queden al margen de la batalla. Los pequeños caballeros rindieron la resistencia de sus damas y se hicieron con el botín de las fotos de las doncellas-profes, que también son parte de la clase y merecen su lugar en el castillo.

En Cucutras, en Madrid, cada niño de Marta, Sonia, Yolanda, Natalia, Montse y Lourdes tiene un simbolito que lo identifica a la hora de pasar lista, y cada uno coloca su iconito en el panel.

En Manoplas, una escuela infantil que dirige en Alcobendas (Madrid) Gema Rodríguez, no hay castillo. Lo que hay son dos láminas para pasar lista. Una representa el cole y otra la casa. El que no viene, a casa. «Es el único momento del día en el que están todos juntos, porque el resto de la jornada están distribuidos por rincones. Es el momento de la socialización y pasamos lista para crear grupo y para recordar a los que no están. Para que si un niño se tira quince días sin venir, los otros no se olviden de que sigue existiendo.» En este caso, no es cada niño el que coloca su foto, sino el Encargado, el niño elegido del día para ser una especie de asistente de la maestra. En El Bibio (Gijón), se llama Protagonista a este ayudante. Después de unas cuantas Asambleas, todos saben perfectamente en Party (Marbella) quién falta, «aunque lleve meses sin venir». Eso dice Ana Díez de Oñate, la dueña desde hace más de treinta y cinco años.

En las alfombras que pone en el suelo Ana Díez en su escuela de Marbella, empiezan con el vocabulario del tema que toque tratar en esos días. Si estamos viendo las partes del cuerpo, en las Asambleas conocerán la boca, los ojos, las orejas y dónde suelen estar colocados. Por si algún padre necesita repasar, Ana les envía trimestralmente el vocabulario y los objetivos de conocimiento que han de superar los chavales. Tiene Ana, por cierto, una crítica para el sistema curricular español, que veremos en el capítulo de Actividades.

En la guardería de Susana, en Cádiz, lo que hacen es ir introduciendo otros idiomas. Sobre todo los saludos. Por eso, no es raro entrar en su cole y escuchar «Buenos días», «Hola», «*Hello*», «*Bon jour*», «*Good morning*», algunas otras formas de saludos. Por su parte, en Pam i Pipa, los pobrecitos, antes de comenzar la Asamblea, tienen trabajo. Como han podido entrar los padres al aula y han charlado con la educadora mientras los niños jugaban, antes de saludar, ver quién está y el tiempo que hace, tienen que recoger todo el material que hayan sacado. Luego, en casa nos costará Dios y ayuda que lo hagan. ¿Cómo consiguen en las guardes tal nivel de efectividad en sus órdenes? ¿Algún tipo de coacción? ¿Organización de tipo militar? Tiempo habrá de comentarlo.

¡ESA BOCA!

En las Asambleas, como hemos dicho, los niños sueltan su lengua. No solo es que comiencen a construir frases o que respondan a las preguntas de los profes y vayan contando algunas experiencias. A veces la sueltan que da gusto, desvelando secretos de alcoba, costumbres, manías, vicios inconfesables de sus padres, discusiones, cirugías estéticas, infidelidades, operaciones financieras transnacionales, estrategias bélicas, investigaciones científicas sobre los hadrones... En fin, todo lo que caiga en sus orejas. El que oculte en su sótano un laboratorio ilegal de síntesis de estupefacientes, que procure que su hijo no le oiga comentarlo, porque lo soltará en la Asamblea, precisamente en el oído del compañero cuyo padre es agente de la brigada de narcóticos.

Han sido muchos los ejemplos de discusiones entre parejas que he escuchado de boca de las educadoras con las que he charlado. Muchas las veces que me han contado que un padre había dormido en el sofá —¿por qué son siempre los padres los que duermen en el sofá?— y cosas de ese estilo. Muchas las veces que me han explicado que tienen que advertir a los padres de que sujeten su lengua cuando los niños estén delante, porque parece que no están escuchando, pero su cerebro, nuevo, tiene capacidad para quedarse con el argumento de *Dora la Exploradora* y con los asuntos de dormitorio, y luego en las Asambleas cuentan cosas que los educadores no deberían oír, máxime cuando al día siguiente tienen que tratar con las personas en cuestión.

«La Asamblea es un momento muy dado a la conversación, porque dejamos a los niños que participen mucho y que hablen y nos cuenten cosas. En el caso de los mayores, es cuando más cosas divertidas te pueden pasar, porque los niños no tienen pelos en la lengua.» Miriam González, que trabaja en la guardería Fantasy Cortijo Grande en Almería, ha tenido que cortar a más de uno: «Bueno, bueno, vamos a cambiar de tema porque por ahí no queremos ir.» Pero muchas veces no se encuentra la manera de cortar a tiempo.

«Mi papá baila en pelotas.» A. era un niño de esos que se expresa como un adulto con la mente inocentona de un niño. Escogió una Asamblea en la que se estaban tratando los colores para desvelar las aficiones del papá.

—Mi papá baila en pelotas.

—¿Cómo, A.?

—Que mi papá baila en pelotas.

—¿Que tu papá baila en pelotas?

—Mi papá baila en pelotas en casa de la abuela Nana.

—¿Y qué hace tu papá bailando en pelotas? Que le va a dar frío.

—No. Pone la música y baila porque se lo pasa bien.

—Bueno, bueno, vamos a continuar, que estábamos viendo los colores y luego ya nos cuentas...

Sí, mejor, vamos a continuar porque si no, uno empieza a preguntarse qué diablos hace papá con la música a todo trapo bailando como Dios lo trajo al mundo... en casa de la abuela. Pero hay veces que ya no se puede parar.

—Pues mi papá baila en pelotas en casa de la abuela y se le ve la golosina.

Para, niño, para. Que tu educadora no sabe ya dónde meterse, no sabe si reírse o dejarlo pasar. Vamos a seguir con los colores. Por ejemplo, el rojo, que es el color de la cara de Miriam en este momento. «No te está contando nada malo, pero seguramente, si lo supiera el padre, se moriría de vergüenza.» De hecho, esta en concreto se la contó Miriam a la madre de A., que se partía de la risa. No obstante, se juramentó para no hacérselo saber a su marido el bailarín: si lo hubiera hecho, la tarea de recoger al niño en la guardería habría quedado en exclusiva para ella.

NIEVE EN ALMERÍA

¿Nieva en Almería? En la escuela infantil Fantasy Cortijo Grande, en la propia capital, a cuatro pasos del mar, sí. Y si no, se hace lo imposible para que así sea.

La información meteorológica, además de ser un espacio que ponen al final de los telediarios, es uno de los temas más importantes de las Asambleas de las guarderías. Yendo de lo concreto a lo general, las cuestiones meteorológicas y climáticas en las Asambleas les enseñan a distinguir un día nublado de uno soleado, un día ventoso de uno calmo, un día frío de uno cálido, así como las estaciones del año y sus peculiaridades.

«Nos sentamos todos, hablamos un poco, pasamos lista, vemos el tiempo.» Nada mejor que asomarse a la ventana de Fantasy para saber qué día hace hoy. Los alumnos de Miriam González lo hacen todos los días. Y casi siempre encuentran lo mismo. «Aquí en Almería siempre hace sol. Entonces, para nosotras es muy difícil, porque la Asamblea es el momento para trabajar la climatología: hace frío, hay viento, está lloviendo... Entonces, como aquí no llueve casi nunca, te puedes acabar todo el curso trabajando el sol.» Muy morenitos iban a terminar, es cierto, pero muy cansino. Así que interviene la imaginación. «Muchas veces hacemos como que llueve. "¡Huy, mirad chicos, está lloviendo, está lloviendo!" Como que se nos ha ido un poco [la cabeza, se entiende], para intentar que los niños nos digan que no, que no llueve, que hace sol. Es una forma de introducir en la climatología de Almería la lluvia, que no es muy dada aquí.»

Más dado es el viento, así que no es malo distinguir entre el poniente y el levante, por ejemplo. «En Almería hay mucho viento, cuando no sopla levante, sopla poniente.» Entonces, se les pregunta: «¿Cómo viene el viento, viene caliente o viene frío? Si es caliente, es levante.» Salen al patio, sacan su veleta a que le dé el aire y así los peques pueden comprobar si el aire que hace viene del Mediterráneo o del Atlántico. «Se ha levantado el levante y cuando se levanta... Pues no se sabe cuándo se va a acostar.»

Si se hace difícil para Miriam y sus compañeras trabajar con la lluvia, con la nieve ya no hay manera. «Aquí no nieva, así que no vamos a poder trabajar la nieve nunca. Tenemos que adaptarnos al entorno natural en el que vivimos. Así que, cuando llega el invierno y nos toca trabajar la nieve, nos la tenemos que inventar.» No está en las manos de una guardería colocar una máquina de nieve como las de las estaciones de esquí, así que hay que tirar de ingenio. De repente, una de las educadoras aparece un lunes con un barreño lleno de hielo machacado. «Mirad, chicos, este fin de semana he estado en la sierra y me he bajado la nieve.» Así los niños pueden experimentar con algo parecido a la nieve y sentir algo parecido a lo que se siente con nieve de verdad: por ejemplo, el frío, que tampoco abunda en la ciudad. El que no se consuela es porque no quiere y en todas partes cuecen habas. «Yo supongo que en las guarderías de Madrid, cuando tienen que trabajar el mar...»

Para llevar la nieve a la escuela, otra de las opciones que tienen es bajarse al puerto y pedir una caja de hielo de esas del pescado, cuyo parecido con la nieve es todavía mayor. No sería la primera vez que la foca *Marisol*, vieja conocida de los alumnos de Fantasy, que vivía en el Polo pero se mudó a Almería porque hacía mucho frío, les envía a los niños una caja de nieve. Y después de cantar la canción, es una gran sorpresa para los críos sacar una caja, abrirla y descubrir que está llena de hielo y de nieve que ha traído Marisol desde el Polo Norte, aunque en un lateral se lea Pescados Tal. «En esta profesión, además de la vocación y la ilusión, hay que tener ingenio. Y si no se tiene, acaba por salir.»

«Para ellos es muy importante que tú de repente les digas "Mirad, he traído nieve" porque llega el invierno y el invierno lo trabajas diciendo que hace frío, que llueve, que nieva, que hacemos muñecos de nieve, que esquiamos en la nieve... Pero, realmente, ¿qué es la nieve? Si ellos no la han visto nunca. Por eso, nosotras intentamos ayudarles.» Que puedan sentirla, tocarla, morderla y chuparla, tirársela unos a otros. Que la vivan. «La playa, por ejemplo, tenemos muy fácil trabajarla, porque la tienen al lado. En uno de los centros de Fantasy, La Térmica, ven el mar desde el patio, así que lo tenemos muy fácil.» Para todo lo demás, imaginación.

En Cádiz o Marbella tenemos tres cuartos de lo mismo

con el tema de la nieve. Susana, de Cádiz, prefiere pasar un poco de puntillas por el tema cuando toca el invierno. «Procuramos tocarlo poco. Cosas como "Bueno, en otros sitios nieva, aquí no. Pero aquí llueve, y a veces hace mucho frío". Una forma como otra cualquiera de desviar la atención, aunque bien es cierto que Grazalema, el lugar más lluvioso de España, les pilla a tiro de piedra y allí tienen alguna ocasión de pisar nieve. En Marbella, Ana Díez recuerda que Ronda y la sierra de Málaga están apenas a cuarenta kilómetros, así que son muchos los que han tenido al menos un breve contacto con el níveo elemento. Eso por no hablar de que muchos de los alumnos de Ana son oriundos del norte de Europa. Precisamente sus padres emigraron a Marbella para no tener que preocuparse por la nieve. Así que es más que probable que los chavales hayan tenido ocasión de manejarla cuando hayan ido a visitar a los abuelos por Navidad.

Ocasión tendremos nosotros de recoger algunas otras perlas que los infantes cultivan en tiempo de Asamblea. En sitios de perfil más o menos turístico, a las lindezas habituales se suman las mezclas de idiomas y costumbres. «Tengo un cacao de idiomas que me va a dar algo. A veces el cerebro se me funde.» «No digas más, Ana Díez, que luego lo vemos.»

3

Actividades. Cortar y pegar

Blanca Alcalá (Cucutras) trabajó durante doce años en una guardería de las de guardar, de las que solo tenían la vertiente asistencial. Con su titulación, una Formación Profesional de Educación Infantil, podía tener a su cuidado a niños de hasta seis años. Los que tenían entre tres y seis años tenían un libro y trabajaban sobre él, pero no los que tenían entre cero y tres años. «Mira, en la clase de bebés había veinte. Era un aula inmensa con una zona para jugar y nada más. Recuerdo que volcábamos los cubos con juguetes en una alfombra para que jugasen y ya, no hacíamos nada más.» Bueno, eso es relativo: cambiaban pañales, limpiaban mocos y atendían a heridos, pero nada más. Y nada menos. Pero educar no era su función. Mary Cruz Collado (El Bibio) recuerda que en una de aquellas guarderías se topó con un niño muy inquieto... al que tenían atado porque no podían con él. Tenían cuarenta niños en el aula. Todo eso ha cambiado, y ahora, parte importante de la jornada de los críos en la escuela infantil —que por eso reniegan los educadores ahora de la palabra «guardería»— consiste en realizar actividades educativas. Pintar, escuchar canciones o cuentos, una iniciación a la lectura, a la escritura, experimentar, tocar, bailar, sentir, pegar, cortar, punzar... En todas las guarderías que he consultado las actividades son la parte más importante de la mañana —normalmente, entre las diez y las doce, más o menos, con un recreo entre medias— y en algunas, de la tarde, también.

Gracias a estas actividades, los niños salen de la guardería distinguiendo el color rojo del azul, por ejemplo, que puede parecer algo natural, pero que requiere una cantidad de observaciones, relaciones, descartes y conexiones neuronales apabullante. Aprenden también a discriminar entre un círculo y un cuadrado, reconocen y sitúan las partes de su cuerpo y de su cara, reconocen su nombre si lo ven escrito, los hay incluso que saben leer de forma básica, diferencian un coche de un autobús, tienden a respetar las reglas o los turnos en un juego, hablan y, sobre todo, se acostumbran a que no están solos en el mundo, que hay otras personas como ellos. Cierto es que aprenderían todos esos conceptos si no acudiesen a una guardería, pero tardarían más y se perderían la parte del contacto con otros. Por eso dedican a estos quehaceres todos los días buena parte de su tiempo.

No pueden ser muy largas las actividades, porque la capacidad de atención de los niños es limitada. Puede ser una actividad de veinte minutos, la más rollete, o hasta hora y media, si hablamos del rincón de los disfraces de Party, la escuela de Ana Díez en Marbella. Javier Pizarro subraya que los críos «tienen una capacidad de hacer actividades muy corta en el tiempo. Por ejemplo, tú hoy dices "Vamos a pintar" y preparas el papel, los pinceles, las témperas, todo. Y les dejas que pinten. Y un niño de tres años dice "Bueno, pues pinto". Pero su capacidad de concentración no se concentra solo en el papel, sino que abarca todo el espacio, las paredes, otros niños... Y además, son actividades que van a durar muy poquito. Así que solo las preparo si sé que las vamos a disfrutar. Si nos va a generar estrés, no merece la pena hacerlo». Se pone Javier en la piel de un alumno. «¿Para qué me van a dejar pintar si en un momento dado va a venir el adulto y me va a decir "No, así no", "Ahí no", "No de esa manera"?»

Tampoco podemos pensar que todos los niños hacen siempre todas las actividades al mismo tiempo. Imagínense una clase de catorce niños de uno a dos años o una con veinte de dos a tres. Da miedo, ¿eh? Por eso existe eso que llaman los rincones, distintos espacios del aula que se dedican a distintas actividades. Se distribuye a los niños en tres o cuatro grupos y cada grupo trabaja, con más o menos supervisión de la educadora, un asunto diferente. En la guardería gaditana de Susana los rincones son del tamaño de una clase, ahora lo veremos.

En las actividades, abundan los métodos educativos por fichas, folios de papel en los que dibujan, unen puntos, ensayan trazos, distinguen formas y colores, diferencian objetos, relacionan conceptos... Otras, como El Bibio o Pam i Pipa, aplican métodos diferentes, en los que la experimentación es más directa y los niños se sumergen en el tema que estén tratando. En Lala Lunera (Plasencia), María, su dueña, trata de equilibrar el tiempo entre fichas y talleres de experimentación. María cree que «no porque los niños hagan más fichas han aprendido más. A veces, en las unidades didácticas o talleres aprenden más. Los libros están bien como complemento, porque vienen con su mascota, con la que trabajan, con el cuento, el audio, la ficha y también es un apoyo bastante bueno». Pero se enrolla hablando de su semana de China —«hacemos la muralla china, otro día salen pintados de chino, de todo un poco»— o su taller de reciclaje. «De todo he hecho. A veces se me acumulan las fichas y al final del trimestre tengo que achuchar.»

Parecen estos métodos de experimentación mucho más atractivos, pero no siempre los adultos los preferimos. Los padres «demandan» las fichas a Blanca Alcalá, a María y a otras educadoras con las que he conversado. «Si no les das las fichas (cumplimentadas por sus hijos) muchos padres piensan que no han hecho nada. Les gusta llevarse algo a casa. Que luego la ficha puede ser una chorrada. Por ejemplo, te tiras tres días trabajando el rojo y luego es una ficha de nada.» Todo el trabajo de Blanca y sus educadoras de experiencias, de talleres, no queda reflejado en una hoja de papel. Y lo resume con un caso de hace algún tiempo: «En invierno, se trabajan los frutos del invierno, se tiran una semana los críos que si los pruebo, que si los como, que si los toco. Y ficha como tal no hay. Bueno, pues en la reunión de padres nos decían: "¿Y no nos vais a entregar nada?" Vamos a ver, se van a estar una semana en el centro trabajando los frutos del invierno y luego la ficha es absurda, va a ser que peguen cuatro castañas, pero los padres lo querían, querían el taco de fichas. Quieren un resultado en la mano.» O un recuerdo, vaya usted a saber. El caso es que, andando el tiempo, empezaremos a preguntarnos qué hacemos con esos montones de hojas. Porque, como dice Blanca, hay métodos que tienen fichas «hasta para beber».

Ana Díez (Party) convierte el patio de su centro en una enorme ficha donde los niños pueden pintar e incluso meterse dentro de los objetos. Ayuda el hecho de tener el cole en Marbella, donde reina un clima benigno que hace inútiles los guantes y bufandas. Excepto el viernes, que tienen disfraces, el resto de la semana trabajan con fichas. «Lo que pasa es que nosotros tenemos una ventaja por nuestro clima. Como el currículo —el conjunto de contenidos que tienen que trabajar todos los centros en un periodo determinado— español es abierto, pues yo te puedo dar una hoja para que tú veas que estamos haciendo un círculo rojo y nosotros trabajarlo en el patio.» En tres palabras: que Ana tiene que trabajar el concepto «círculo» y el color rojo y lo hace como a ella le da la gana. «Con el clima este tan maravilloso que tenemos, casi todo lo hacen en el exterior. Me explico: les damos fichas y nos pintan el círculo grande en el suelo. Y ahora, a jugar: "¡Todos al círculo grande!" Y avalancha de niños al círculo grande. "¡Todos al círculo pequeño!" Y lo mismo.» Así aprenden lo que es un círculo y distinguen entre grande y pequeño. Porque en Party tienen unos muros de cristal en los que pueden pintar y guarrear lo que quieran. «Luego pasamos una manguera y listo.» Eso sí, «siempre se les recuerda, sobre todo a los de más edad que "Esto en casa no, ¿eh?". Y luego ya, eso, al papel, pero intentamos hacerlo mucho más activo».

Dijimos en el capítulo de la Asamblea que Ana tenía una crítica para el sistema curricular español. Que en todos los niveles de la educación infantil y primaria se hace siempre lo mismo, pero poniéndolo cada vez más difícil. «En el primer trimestre todos tienen el cuerpo humano, los animales de granja y los transportes. Pues eso lo tienen desde los bebés con el pi-pi, el chu-chu y el pato cua-cua, hasta los mayores que ya aprenden que los patos ponen huevos, tienen pollitos y del cuerpo humano ponen hasta las pestañas. Es lo mismo siempre.» Dicho queda.

Ahora bien, en Party, la estrella de las actividades es el viernes de disfraces, que llega una vez cada dos semanas. Es como un día libre que tienen, descansan de las tareas más académicas. «Les apasiona» hurgar en los tres baúles que tienen y cada uno se disfraza de lo que quiera, vistiéndose ellos solos. El Typical Spanish debe seguir funcionando después de varias generaciones, porque cerca del 80% de los alumnos de Ana son extranjeros y el disfraz que más triunfa entre ellos sigue siendo el de torero. «Para el año que viene voy a tener que comprar dos o tres.» No obstante, Curro ha sido el último dueño del traje de luces, y sus compañeros, si Curro no estaba, lo dejaban en el baúl, en actitud reverencial al pequeño maestro.

En muchas escuelas, además, se aprovecha el tiempo de actividades para introducir idiomas u otros contenidos. Por ejemplo, en Pibobaby (Sevilla) tienen una hora de inglés al día; en Cáscara de Nuez (Toledo), inglés y música todos los días; en Lala Lunera (Plasencia) tienen un día a la semana de inglés y la música suena a todas horas. No pensemos en corcheas, pentagramas o en el recitado de presente, pasado y participio de los verbos irregulares. Suelen ser canciones, juegos, teatro, marionetas...

Como muchos ya saben —y los que no, que lo vayan asumiendo—, parte de las actividades, por algún misterioso encantamiento, se convierten en deberes para los padres. Yo mismo, este año, he tenido que iniciar un cuento viajero —texto y dibujos— que luego han continuado, con mejores textos y mejores dibujos, el resto de padres de la clase. También he confeccionado un par de fichas, una del otoño y otra de la paz; he decorado otra para incluir una foto familiar y he elaborado una más con los principales datos de mi hijo pequeño. Todo bien regado con pegatinas, subrayados, sombreados y demás fanfarria. Un recurrente de estos deberes es el libro de las familias, un libro que va engordando con las aportaciones de cada una —fotos de los papás y los abuelos, básicamente— y que luego visita cada casa, para entrenar la infinita capacidad española para el despelleje. Con uno de ellos pudo pasar Sonia, de Cucutras, un buen rato. «Estábamos repasando el libro, que ya lo habíamos visto un montón de veces. Y en algunas fotos, salen abuelos que están solos. Uno de los chicos, que tiene los cuatro abuelos, me pregunta por qué hay niños que solo tienen tres o menos.

»—Es que hay algunos abuelitos que están en el cielo.

»—¿En el cielo?

»—Sí.

»—Y qué se han ido, ¿volando?

»—No, hijo. Es que hay algunos abuelitos que se van haciendo mayores...

»—Ah, y aprenden a volar.

»Justo.»

A veces, son los propios niños los que proponen la actividad que les apetece hacer. Los niños de Paula García proponen a menudo, cómo no, salir al jardín. Siempre que haga bueno, porque su escuela, Fábula, está en Torrelavega, donde no suelen tener problemas para trabajar la lluvia. Si no proponen directamente salir al aire libre, lo hacen indirectamente. «Hoy hace bueno», dicen, para que Paula les conceda: «Sí, hoy podemos salir al jardín.» Si les dejan, los pequeños tienden a preferir estar al aire libre. Paula tiene la suerte también de que hay algunos sitios cerca donde pueden estar en contacto con animales. «Cerca de la guardería hay hombres que tienen burros, caballos y así. Les pedimos que cojan zanahorias y otras cosas y van y se lo dan. Al principio les daba miedo, no se acercaban y se escondían unos detrás de otros, pero luego ya sí, los tocan. Les hace mucha ilusión eso. Lo suelen pedir.» Tienen cerca también una propiedad en la que el dueño tiene un huerto. «Cuando ven al señor por la ventana que va a regar o a trabajar el huerto, ya le conocen y le saludan. Y entonces, el señor viene a la escuela a buscarles y se los lleva al huerto a que rieguen o algo así.» Con un grupo de diez o doce niños metidos en un huerto, raro será que alguno no coja algo por su cuenta y riesgo. «Sí, tienes que estar con mil manos, a veces les da por pisarlo, otras parece que solo están mirando y cuando te das cuenta les da por arrancar tomates. Pero al hombre le gusta que los niños vayan a verlo, de hecho pone el huerto también por ellos.» La compañía de un niño entusiasta es todo un regalo. A cambio, este buen señor «les enseña algún trabajo del campo o les trae plantas para que las planten ellos en el jardín y las cuiden».

En Mi Cole, la guarde de Zaragoza de Cristina Molina, para «bajar las revoluciones» después del recreo, tienen un rato de relajación. «Bajamos las persianas, los tumbamos en el suelo y les ponemos música clásica. Es simplemente para que no sigan tan alterados después del recreo.» Pienso yo que alguno se dormirá, pero Cristina me desmiente. «No, no. Además, ellos ya saben que es la hora de relajación, entonces ya saben que se tienen que tumbar y se quedan tranquilos. Y tampoco estamos con la relajación media hora, son diez minutos.» A Luz María Alonso, coordinadora del centro que la cadena Mis Pollitos tiene en Doñinos (Salamanca), le esperaba en una sesión de relajación, después de psicomotricidad, uno de esos gestos que a veces tienen los niños que hacen que merezca la pena el trabajo y una vida entera. «¡Uff! Chicos, qué cansada estoy», comentó mientras se tumbaba, la música relajante ya sonando. M., de un año y medio, se levantó entonces y acarició un ratito a su profesora, diciendo «Ya, ya, ya...», a modo de consuelo. «Y me dio un beso». «Hay días en que, aunque no levantes cabeza, ellos te sacan una sonrisa y fuerzas de donde no las tienes. Me encanta este trabajo.» María Bernabé, de Lala Lunera, también calma a los muchachos con unos minutos de relajación, tumbados y con música. «Les encanta una cosa que hacemos, el baile de los girasoles: ponemos música clásica, van bailando ellos despacio, como girasoles, que nacen, que sale el sol y se mueven hacia él, que crecen, luego se van a dormir... Todo al son de la música clásica. Luego, se mueven por la clase como si viniera el viento. Eso de representar con la música les encanta.» Y confirma: «No, no se duermen. ¡Huy, madre! Menudos son, se van a dormir estos... Pero les encanta, porque cuando haces alguna actividad excitante, les viene bien relajarse un poco.»

Antes de ver algunos ejemplos de actividades particulares, no quiero olvidarme de L. y algún otro peque, sobre todo cuando los centros tienen turno de tarde, que tienen que hacer el mismo trabajo que sus compañeros pero con menos compañía. Son peques que se quedan hasta las ocho de la tarde o más en las guardes porque sus padres trabajan hasta esas horas o en turnos vespertinos. Gracias a María José (Pibobaby), Paula (Fábula), María (Lala Lunera), Delfina (Nanos) o Cristina (Mi Cole), estos niños han disfrutado mucho más las tardes. Paula se llevaba al suyo a dar una vuelta o al parque, Delfina se ha llevado a niños de estos a su propia casa; María cerró el horario de guardería por la tarde porque no le compensaba económicamente, pero por no dejar colgada a una pequeña, que se tiraba con ella once horas al día, se la llevaba todos los días a su casa o a donde tuviera que ir ella. La mamá le decía que se buscaría otra cosa, por no hacerle cargar con su hija, pero la propia María le respondía «Si es que la niña no conoce otra cosa; nada, yo me la llevo a casa y se acabó»; Cristina preparaba el día siguiente con otra que estaba sola en el centro de seis y media a ocho de la tarde; María José tenía que hacer todas las actividades del día con L. solo por la tarde. Y eso por no hablar de María Aguiló, de Sóller, que merece un capítulo aparte por la infinidad de veces que ha colgado un cartel en la puerta de su *escoleta* para que fuesen a recoger a la criatura a su casa. Hablaremos de ella.

UNA CUESTIÓN MATERIAL

Gemma y su socia comenzaron trabajando, al terminar sus estudios, en una escuela de Barcelona, «muy clásica», pero no les convenció la experiencia. Así que, hace veintidós años, decidieron entre las dos montar Pam i Pipa, donde querían hacer otras cosas. Su método educativo se basa en el uso de materiales alternativos. Le pido que

me lo explique, porque «alternativo» puede ser el pluto-
nio. Bueno, pues el primer material alternativo es el propio cuerpo. «Trabajamos mucho a nivel manipulativo.
Primero, todas las actividades las hacemos a nivel corpo-
ral, mediante psicomotricidad o masajes a los más pequeñitos, estimulación y así. A partir de aquí se hace la actividad central, con ese material alternativo. Mira, en las
escuelas, el 90% del material que hay es de plástico. Entonces, nosotros trabajamos mucho con otro tipo de materiales: cartón, piedras, hojas, arena...» «Ponme un ejemplo,
Gemma, porfa.» «Ahora estamos con la *tardor*, el otoño,
y trabajamos mucho con hojas secas, con los frutos del
otoño; en vez de utilizar pintura, pintamos con granadas;
manipulamos castañas, piñas; por ejemplo, pintamos con
pinceles hechos con hojas de pino...»

El tono de Gemma va cogiendo entusiasmo. Se nota que
cree en lo que hace y lo disfruta. Sigue: «Un día a la semana
tenemos actividad plástica. Entonces, por ejemplo, cocemos
boniatos y pintamos con ellos o los manipulamos en vez de
manipular plastilina. Si otro día toca masaje y relajación,
pues los masajes los hacemos, por ejemplo, con castañas,
se hacen el masaje unos a otros. Otro día de la semana
tenemos lo que llamamos experiencias, que puede ser que
se quiten los zapatos y paseen descalzos por encima de
hojas secas, para que escuchen el ruido y les masajee los
pies. Si toca matemáticas, podemos sacar unas calabazas
y que los mayores les quiten las pepitas, las van metiendo
en botellitas y eso les sirve para contar y para su motricidad
fina, para hacer la pinza con los dedos. Esto es lectoescritura —¿quéééé?—. Sí, para que luego, cuando vayan al
colegio y tengan que coger un lápiz o un boli o tengan que

hacer trazos, pues ellos ya han trabajado mucho con las manos. O caracoles, cogemos caracoles y les hacemos hacer series: un caracol grande, uno pequeño. Y así.»

Dependiendo de la época del año, hay unos materiales y unos colores predominantes y todos los trabajos están impregnados de lo que pueda sugerir precisamente la estación. «El amarillo es el color básico del otoño, porque las hojas de los árboles se vuelven amarillas, pero a partir de él, trabajamos los marrones, naranjas, ocres... Lo hacemos todo con los materiales típicos del otoño, desde el masaje a la psicomotricidad o la matemática. Relacionamos los colores con la época del año que estemos trabajando. En verano, por ejemplo, el color es el azul y trabajamos mucho con arena o con agua. Montamos unas cubetas y hacen dibujos con el dedo en la arena.»

¿Y en primavera? Pues para trabajar la primavera, Gemma y compañía tienen un jardín en el que tienen varios árboles frutales y un huerto. «Los alumnos se encargan de regarlo y de recoger la cosecha. Si hay una lechuga, pues la recogen, se la llevan a la cocinera —que, además, es maestra, lo veremos en el capítulo de la comida—, hacen un taller de cocina y preparan la ensalada y se la comen para comer. O, como tenemos muchos limones, hacemos mermelada de limón o limonada y se la toman en la merienda. O trabajamos con los olores, los pequeños hacen bolsitas de hierbas secas, aromáticas; en vez de pintar con pintura, pues a lo mejor pintamos con miel, trabajamos con flores secas, con pétalos de rosa... Un año hicimos colonia y sales de baño. Y todo se lo llevan los padres. La mermelada, por ejemplo, les damos un botecito y la receta, para que la puedan hacer con los hijos. Bueno, cosas así.» Te parecerá poco. Pues eso parece, porque por la tarde, después de la siesta y la merienda, todavía tienen un rato de cuentos, música o teatro, «algo más tranquilo».

SANFERMINES EN CHIKILANDIA

En una localidad de unos cuatro mil habitantes, como es Olite, una guardería como Chikilandia puede tener siempre un ojo en el campo a la hora de preparar actividades. No hay más que cruzar la calle para poder lanzarse a recoger flores, por ejemplo. María, la directora, lo hace de vez en cuando, alternando con las fichas habituales. En una localidad pequeña como Olite, además, la mayor parte de los niños de la guardería, el 90%, van a ir al colegio de la localidad, así que María tiene una salida fija todos los años: el cole de mayores. «Una mañana de junio, vamos al colegio público. Así conocen las aulas donde van a estar el próximo año, los espacios físicos y un poco al profesorado. Es un acercamiento que nosotros tenemos la ventaja de poder hacer.» En el último trimestre, van mencionando el nuevo cole y consiguen que se lo tomen con muchas ganas. Aunque siempre hay alguno que se resiste a los cambios.

Finalmente, en una localidad como Olite, hay un tema que está muy presente. Esta vez no es por su tamaño, ni por su población, sino por su cercanía con Pamplona, algo más de cuarenta kilómetros. Las actividades de María en la guarde son más o menos las habituales hasta que llega San Fermín. No cierran en julio, así que, como toda Navarra, viven la fiesta de manera especial. «Quien más quien menos ha ido a sanfermines o tiene alguien cercano de Pamplona. Hay una cultura aquí en Navarra con los sanfermines que... Todo se paraliza.» Bueno, Chikilandia no. Para empezar, el día 7 de julio organizan su propio chupinazo: «Lo ponemos en la radio, esperamos todos juntos a que den las doce», y cuando sube el cohete, «todos saltamos y bailamos». Como si estuvieran en la plaza del Ayuntamiento, solo que sin vino. Al día siguiente, comienzan los encierros y Chikilandia tiene los suyos propios. En lugar de correr los mozos por Santo Domingo, Estafeta o Telefónica seguidos de miuras, fuenteymbros o cebadagagos, corren los mocitos por un recorrido en el patio de la escuela seguidos por María y compañía armadas con las afiladas astas de sus pistolas de agua. «En julio, además, hace calor y a los niños los juegos con agua les encantan.» Parecidas pasiones desatan los gigantes y cabezudos y en San Fermín se llena la escuela de cuentos y muñecos. «Muchos vienen de casa diciendo que han visto el encierro y otros se van por la tarde a Pamplona, así que lo viven que es una pasada. Suelen faltar a clase alguno de los días de la fiesta.» Novillos, y nunca mejor dicho, desde la guardería.

HASTA DONDE NOS LLEVE

¿Se imaginan dar una clase con un burro asomado a la ventana? ¿O con una cabritilla triscando aquí y allá por el aula? Cosas como estas pasan en El Bibio, en Gijón. Es en gran parte gracias a Mary Cruz. «Nuestra directora es como muy bohemia, se abre a todo, quiere aprender de todo, está dispuesta a todo. Entonces, nos permite tener todo tipo de experiencias innovadoras. Ella, todo lo nuevo... Le dice sí a todo.» Así define Aurora a Mary Cruz, la jefa, que a su vez sostiene que su escuela, abierta hace cuarenta años, con niños de hasta seis años, dependiente de la diócesis de Oviedo y conocida anteriormente como Guardería Laboral Corazón de María, es la mejor de Asturias. No sé si es la mejor, pero en lo que a actividades se refiere, ninguno de los centros mencionados en este libro supera a El Bibio en originalidad y audacia. Ya hemos comentado que prefieren que los niños experimenten las cosas a que las estudien, es el método constructivista. Buscan y encuentran un tema de interés, que muchas veces los propios alumnos sugieren, y se tiran de cabeza a por él, «a ver dónde nos lleva», todo gira en torno a ese tema: talleres, salidas... «Nosotros no tenemos libros, no trabajamos con editoriales, en ninguna etapa.» El objetivo es acompañar a los niños a descubrir, que sean ellos los que construyan su propio conocimiento explorando, crear en ellos el interés por el conocimiento. «Nosotros estamos abiertos a todo, todo lo que resulte en que los niños estén llenos de experiencias, que se les estimule por todos los lados, que conozcan, que descubran. Ellos participan mucho, toman decisiones, deciden con qué, manipulan todo.»

Una muestra de cómo enfocan el aprendizaje en El Bibio nos la da una salida que hicieron niños y padres al Palacio del Niño, en Oviedo. Un padre propuso llevarlos a un taller de alimentación saludable y a Mary Cruz y compañía les pareció bien. Allí se plantaron con cuarenta críos. En El Bibio tienen talleres de cocina en los que los niños se meten en harina y con su gorro y su delantal aprenden a contar, a medir, a pesar... Y, ya puestos, a hacer la receta.

Llegados al Palacio, una monitora se coloca detrás de una mesa y comienza a hacer una magdalena. Va explicando a los chicos los ingredientes, los pasos... «Oye, ¿y nosotros qué?», empieza a escuchar la monitora. «No, vosotros tenéis que mirar.» Bueno, pues miran, ya llegará el momento. La chica sigue con las explicaciones. El proceso culmina cuando mete la magdalena en el horno y, acto seguido, entrega a cada niño una magdalena de tienda, un batido y la receta escrita en un papel. Los padres regresaron muy contentos, encantados de lo bien que lo hicieron sus hijos. No así los niños o el personal de El Bibio. «Pero si no hicieron nada, esto es un montaje que no hicieron nada.» Los niños estaban tan «cabreados» como Mary Cruz, «porque están muy hechos a cocinar ellos, a llevar lo que sea a la cocina y que la cocinera lo meta en el horno. Aquí lo hacen todo ellos».

A veces, los chicos son los que proponen las actividades y sus propuestas pueden resultar un tanto peculiares, pero como Mary Cruz no dice que no... Hace no mucho, una niña trajo una cabritilla a clase. «¿Cómo fue eso, Aurora?» «Pues una niña. Su abuelo tiene algo de terreno y tiene animales. A la nena le gusta mucho la cabritilla y la madre nos ofreció traerla. "Sí, sí, tráela." A nosotros, como nos gusta todo y estamos abiertos a todo...» Como si fuera lo más normal del mundo. Les interesó tanto, que hubo que hacer un proyecto con la cabritilla. «Estuvo aquí toda la mañana con nosotros, cagando y meando por todo el cole, pero estupendamente. Muy bien. Los niños como locos. La cabritilla embistiendo y los niños pasándoselo pipa. La tuvimos en clase y, luego, en la biblioteca, que es un espacio grande, e íbamos cada poco a verla.»

Lo de la cabritilla puede resultar incluso bucólico. A mí se me viene a la mente Heidi, con su corderito, blanco, algodonoso. Pero ¿qué me dicen de un burro? Pues también en El Bibio se puede encontrar. Una vez más, la mediación de Mary Cruz hizo posible la burrada. Fue hace años. «Tenemos relación con un centro de arte que está por aquí cerca y era un artista que combinaba lo rural con lo moderno. Como habíamos ido a visitar su exposición, nos trajo luego aquí un burro para estrechar lazos.» Vamos, lo típico. Esta vez, sin embargo, no tuvieron al burro correteando por la clase, dejando sus detritos por la escuela. «El burro estaba en el patio y asomaba la cabeza por la clase que está a ras de suelo.» No nos ha quedado constancia, no obstante, de los conocimientos que adquirió el asno durante el día que atendió a las clases por la ventana. Aurora no me supo decir si le había gustado la pintura de manos.

En una escuela que deja pasar a cabras o burros, una semana de la mascota es como pintar con ceras. Los propios padres animan a ello. «Las familias muchas veces traen mascotas. Como nos decían muchos de traer a la suya, un año hicimos la semana de la mascota y cada familia nos traía a la suya, nos la presentaban —aquí, los niños; aquí, la tarántula *Tecla*— y estaban algún ratín por la escuela.» «¿Alguna exótica, Aurora?» «En principio, todo normal: perritos, gatitos, conejos... Hasta que llegó *Cuca*, la hurona.» Con un animal como una hurona, ¿qué menos que hacer un proyecto? «Primero la tuvo la clase de tres años unos meses, luego pasó a la de cuatro años y luego a la de cinco. Debió de estar casi un curso.» El proyecto se llamaba Cuidadores de *Cuca*. «Los niños investigaban qué cuidados necesitaba una hurona, cómo se le limpiaba la jaula, qué comía... A los que tocaba cuidar de *Cuca* se les ponía una especie de colgante que les identificaba como cuidadores; limpiaban la jaula, recogían si hacía alguna caquita. Muy sociable, ella.» Y, cómo no, tratándose de una escuela tan particular, *Cuca* no se quedaba exclusivamente en su jaula. «Había ratitos en los que, claro, necesitaba caminar. Nosotras, entonces, cerrábamos la puerta de la clase y "Venga, todos atentos que va a salir *Cuca*". Mientras ella daba una vuelta, nosotros seguíamos trabajando en nuestra aula, con lo que estuviéramos, ¿eh? Daba igual. Y ella circulando por ahí a su libre albedrío. Y cuando tocaba levantarse "Cuidado, levantaos con cuidado, ojo con las sillas, que ya sabéis que está *Cuca*". Y encantada de la vida ella por allí.» Os juro que en la escuela de mis hijos no pasó nunca nada más allá de un caracol. Y estos eran invitados educadamente a abandonar la sala.

Si la directora está convencida de dirigir la mejor escuela infantil de Asturias, la maestra se siente «privilegiada» de trabajar en ella. «Son experiencias diferentes todos los días, no estoy encerrada en un libro.» Con estos métodos, Mary Cruz y Aurora aseguran que los niños salen «preparadísimos» para primero de primaria. «Hay profes de otros colegios que te dicen que son niños muy imaginativos, que enseguida dan sus ideas, muy comunicativos, muy participativos. Claro, aquí se les deja actuar, todo vale. Incluso hay veces que los tienen que frenar.» La jefa pone el ejemplo de dos gemelos que estuvieron en su escuela desde que tenían meses hasta los seis años. Cuando llegaron al cole, comenzaron a enseñarles a leer por el método silábico: mi mamá me mima. Se declararon en rebeldía. «Ellos se negaron a leer y se formó un problema como un demonio. Claro, ellos sabían leer perfectamente y se negaron porque decían que qué era aquello, que en la escuela leían cuentos e historias y que aquello no decía nada.»

Para terminar con la colección de actividades de El Bibio, he dejado para el final una que integra muchas de las cosas que hacen de este centro, a mi juicio, algo especial. Reúne a padres, profesores y niños de tres a seis años haciendo diferentes actividades, desde excursiones a confección de disfraces y otras manualidades, dura un par de meses, incluye a personas ajenas que se dejan contagiar por el entusiasmo colectivo de El Bibio y todo gira en torno a un tema, en este caso la pintura, la del pintor asturiano Roberto Díaz de Orosia. No voy a revelar todavía el resultado final, pero es una obra de arte.

En la escuela, trabajaban el día de la Paz, en enero, con las palomas pintadas por Picasso. Los niños, entonces, quisieron conocer a un pintor de verdad. Cómo no, Mary Cruz fue la llave. Ella conocía a Díaz de Orosia y arregló una visita de los niños a su casa-taller, donde el pintor introdujo a los niños en algunas de sus técnicas pictóricas y les regaló algunos trazos. Después, ya en el aula, descubrieron un poco la obra de este artista. Por ejemplo, que tenía una serie de cuadros de personajes del Antroxu, el carnaval asturiano. Decidieron, puesto que el carnaval se acercaba, disfrazarse como los personajes de una de las pinturas de esa serie, *Carnaval en el muelle*, y pintar un mural con el fondo de esa pintura, para poder posar delante y confeccionar un cuadro viviente. De paso, los trajes servirían para el desfile de carnaval de la escuela. Además, se realizaron talleres de pintura con algunas de las técnicas que el maestro Orosia les había enseñado durante la visita.

El tema estaba en marcha. Se formó un rincón solo para ese proyecto, el propio autor regaló a los niños de todas las clases láminas de la serie Antroxu y comenzó el trabajo, que incluía tanto la pintura del fondo como la confección de los disfraces. La escuela invitó a los padres a participar echando una mano en la parte de corte y confección de los trajes. Una de las clases de tres años, además, quiso agradecer al pintor haber puesto su casa-taller a disposición de los niños elaborando unas acuarelas para regalárselas.

Todos los niños de la escuela colaboraron en pintar el fondo del cuadro. Se puede ver en las fotos de la escuela (*http://www.elbibio.com/fichas/carnaval2012.pdf*) cómo alumnos de tres, cuatro y cinco años se afanan en decorar la parte que le toca a cada uno, con sus babis, sus pinceles y alguna que otra brocha gorda. Paralelamente, los padres se convirtieron en modistos para realizar los trajes de los personajes elegidos: sevillanas y sevillanos, arlequines, diablos y soles, que después los críos remataron pintando detalles y complementos. Abunda la tela-espuma y la gomaespuma. Todo culminó en un desfile por el barrio y, por supuesto, hubo posado con el fondo del *Carnaval en el muelle*.

Sin embargo, el pintor no quiso que la cosa acabase aquí. Se sintió en deuda con la clase de tres años que le había enviado sus acuarelas, así que se las devolvió. Se presentó por sorpresa en la escuela y trajo de vuelta la carpeta con las acuarelas, pero transformadas por su mano experta en nuevas obras, «obras de arte» a juicio de Aurora. Con unos trazos a carboncillo o con pintura negra, convirtió las manchas que los niños le habían regalado en una nueva serie del Antroxu. El gesto de Orosia dio ocasión a nuevos talleres: por un lado, el de poner título a esos inéditos pintados —y firmados— a cuatro manos entre niños de tres años y un señor que resulta que es pintor; por otro, imitar esta nueva técnica de convertir unas manchas de acuarela en nuevas obras con nuevos trazos: así, los de dos años se encargaron de las acuarelas y los de tres, cuatro y cinco transformaron sus manchas en caracoles, personas, insectos, animales informes, paisajes...

Fueron dos meses de proyecto en el que se implicó toda la escuela, los padres y el pintor, y que pudieron disfrutar muchos gracias al desfile y a que logró captar la atención de varios medios de comunicación. «Fue muy sonado, salimos en la prensa, en la televisión autonómica. Eso de Orosia nos quedó marcado.» «No es para menos, Aurora.» Puede que, en un futuro, puedan hacer un proyecto con un plumilla que se ocupó de las guarderías una temporada. «Si les decimos que va a venir un escritor a enseñarnos un libro con cosas de niños y que algunas pasaron en este cole, tenemos proyecto para todo el curso.» Así funciona El Bibio. Gracias, Mary Cruz.

EN EL BUEN SENTIDO DE LA PALABRA, BUENO

Nuria habla deprisa y muy directa. No es muy poética su forma de expresarse, pero sus alumnos en la escuela Querubines, en Soria, viven la poesía intensamente. La aprenden, la tocan, la recorren, la ven, la visitan y la escuchan, por supuesto. Será algo que tiene esta pequeña ciudad castellana donde Antonio Machado, Gustavo Adolfo Bécquer o Gerardo Diego dejaron sus huellas. «Mi forma de trabajar es salir fuera. No al patio, que en Soria puede hacer 15 °C bajo cero en enero.» ¿Entonces?

Por ejemplo, Machado. Eligen al poeta sevillano y todo gira en torno a su figura y su obra. «Se les enseña —bueno, se les enseña no, se aprenden— toda la vida de Machado: dónde nació, dónde murió, dónde se casó, dónde conoció a Leonor, dónde tomaba el café...» Y algunas de sus obras, como el poema *A un olmo seco*. Pese a los años que lleva rondando el «olmo viejo, hendido por el rayo», Nuria se confiesa peor alumna que sus alumnos y dice no saberse las cinco estrofas de la pieza de *Campos de Castilla*. «Todo eso se trabaja durante una semana o semana y media. Luego ¿qué hacemos? La ruta de Machado.» Siguen las huellas del poeta por la ciudad en la que amó y sufrió por Leonor, su esposa. «Yo puedo ir en Soria adonde tomaban café, adonde estaba hospedado, donde se sentaba, donde se casó, puedo ir a la tumba de Leonor... Así que salgo con la cuerda.»

«Anda que no les hago yo kilómetros.» Nuria lleva a los niños a recorrer Soria casi siempre andando. A los mayores. «Si vamos a San Saturio son dos kilómetros y pico, ¿eh? Y van y vuelven.» Para los más pequeños, los de uno a dos años, tiene la limusina de los carritos de bebé. A decir verdad, fue este carrito-autobús una de las razones que me empujaron a ponerme en contacto con Querubines. Imaginen un carro de bebé, el niño mirando hacia delante. Gírenlo para que vaya de lado y multiplíquenlo por nueve. Pongan a una persona detrás, empujando, y a otra tirando delante y tienen el multi-cochecito de Querubines. «Es el único que hay en España. Lo conseguí en Holanda, tardé un año en encontrarlo. En todos los idiomas contacté con ellos y me lo mandaron.» No decimos el precio, que está feo. Con él, se lleva en un periquete y sin peligro a los niños a donde haga falta.

Volvemos a Machado. Los mayores, habíamos dicho, pasean la ciudad en busca de los lugares de la vida del poeta. Como ya han visto en clase láminas y fotos de esos lugares, los reconocen y los pueden tocar, o meterse dentro o sentarse encima, o escucharlos. De vuelta a la escuela, toca la ficha de Machado. «Por ejemplo, yo les presento una foto del olmo seco y otro árbol de Soria que se parezca. "Pon el gomet —esas pequeñas pegatinas de colores— en el olmo seco." Y lo ponen. O les pregunto dónde se casó y les presento la fachada de Santo Domingo o [de Santa María] La Mayor. Y ellos ponen que se casó en La Mayor. Y de hecho, tienen que ir luego con sus padres y hacerles ellos el recorrido, que si no, se les olvida.» Finalmente, con todo eso, con las fichas y las fotos y demás, se hace un libro que va pasando de mano en mano para que los peques vayan contando a sus padres lo que han aprendido. «Y así hago con todo.»

Por ejemplo, con el Románico, «que aquí tenemos para dar y vender». Además, Nuria se apunta a todo: da igual que sea una exposición, llevarlos al mercado, al castañero, que «tenerlos una hora sentados en el suelo escuchando un concierto de pasodobles de la banda municipal». «Yo les meto en todos lados.» Si se lo permiten a Nuria. Y si no, ya lo consigue ella. Lo veremos en el capítulo de excursiones. Tiembla, concejalía de Cultura.

En la guardería en la que trabaja Susana en Cádiz los rincones dedicados a distintos temas comenzaron a crecer y ahora abarcan toda el aula. Cada aula se ha convertido en un taller temático: una para la lógica matemática, otra para la lengua y la pintura y otra para la psicomotricidad. Es el método de los rincones llevado a su máxima expresión. Y, cada día, los peques pasan por los tres talleres.

La clase de referencia de Susana en la que tiene el taller de lógica matemática. Aquí los niños pueden ver números e incluso manejarlos, bloques, construcciones, figuras geométricas, encajables de todo tipo con distintos cierres y tamaños, una cocinita, una pizarra... Si sus alumnos empiezan en ella, pueden hacer actividades más o menos sencillas, como construcciones, u otras que sean un poco más complicadas, que requieran algo más de concentración, como puzles. «Si quiero trabajar uno de ellos, de seis, ocho, diez piezas, que es más motricidad fina, tengo que separar la clase.» Un grupo pequeño para hacer el puzle y el más numeroso para «una actividad que no requiera tanto mi intervención, que no tenga que estar tan pendiente». Y se va rotando para que todos pasen por la actividad delicada. «Así, voy trabajando con ellos de una forma más individual, y a la vez, el resto va trabajando de una forma más colectiva, en grupo, que entre ellos mismos se vayan poniendo de acuerdo sin tanto intermediario, que sean ellos mismos los que sean capaces de establecer las reglas del juego.» O, si hay que ponerlas, ella lanza el juego y establece las normas: «Estas son las que hay. Tenemos que trabajar así y así, tú compartes con él, él comparte contigo, y el que se quiera incorporar tiene que respetar esas reglas. Entonces, ellos mismos van controlándose unos a otros.» Pese a todo, la educadora tiene que estar con mil ojos, para que no se despisten, porque «siempre hay uno que, a lo mejor, es un poco más patoso y lo tira todo y vienen todos llorando, o el que pega». Susana sabe de uno que pegaba, pero bien. Hablaremos de él. A veces, trabajan ellos solos tan en armonía, que la propia Susana se sorprende. «No lo puedo explicar.» El que haya compartido un rato con varios niños seguro que ha vivido uno de esos momentos: el caos, de alguna manera insondable, se apacienta, cada niño encuentra su sitio, su quehacer, dirigen todos su atención a un punto o cada uno al suyo, las intervenciones se ordenan, acaban los llantos y los gritos, se hace el silencio a veces, se palpa el orden, que se ha impuesto sin intervención de nada ni de nadie. Es como el lecho de un río que de pronto se revuelve y, lentamente, todo vuelve a caer en su lugar. E igualmente, como en el lecho de un río, el menor movimiento puede poner de nuevo todo patas arriba.

En el taller de lengua y pintura el trabajo tiende a ser un poco más colectivo. «Normalmente se suele trabajar en murales, con el papel continuo, son cosas más grandes. También hacemos fichas, pero menos.» Tienen todos los tipos de pinturas, ceras, rotuladores, papel, témperas, cuentos. Hacen dibujos, estampaciones, pintan... Hay actividades de este taller que también requieren dividir la clase, como cuando usan tijeras o punzones. «Ahí sí necesito estar yo, me cojo a dos o tres y al resto los pongo a pintar con ceras, por ejemplo.» En el resto de casos, «me gusta confiar en ellos, dejarles su espacio y ver hasta dónde somos capaces de llegar. Aquí, sabéis cómo funciono, sabéis que os voy a regañar si la cosa no está bien, y si está bien, os voy a premiar». Con un cuento, por ejemplo, o dejando al afortunado que se siente a su lado o encima, si ella está en el suelo. «Sé que no debería, pero...»

En el aula-taller de psicomotricidad, en la escuela de Susana tienen un equipo de música, aros, picas, colchonetas y la mitad inferior de las paredes es de espejo, «para trabajar la movilidad, que ellos se vean reflejados, que vean sus caras». Por romper un poco y si hace bueno, «tenemos un patio estupendo con un césped increíblemente bien cuidado, es un espacio muy grande, y salimos al patio a hacer ejercicio fuera».

Y cada día pasan por todas las aulas, como en los institutos cambian de asignatura. «Nos tiramos una hora más o menos en cada clase», aunque las actividades duran menos. Hay que tener en cuenta que entre medias tienen un ratito de recreo y otro de higiene, cuando se aprovecha para lavar manos, caras, cambiar pañales o aliviarse los que van prescindiendo de ellos. Hay que señalar que los hábitos, tanto los de higiene —lavarse las manos después de mancharse o antes de comer, cambiar los pañales...—, como el de evacuar cada cierto tiempo o como el de comer o el de dormir o saludar o pedir las cosas por favor y dar las gracias se tratan en las guarderías casi como una actividad más. No en vano, aprender a reconocer las señales que indican que uno necesita ir al baño o a la cama o tomar la costumbre de lavarse antes de comer son cosas que hay que aprender. De las guardes no solo salen los niños sabiendo los colores, los números o las vocales. Las educadoras necesitan para esto ayuda, la de casa.

4

Comida. Mi niño no me come

Clase de uno a dos años en Cucutras. Once niños, once primeros, once segundos, once cubiertos, once baberos. Una educadora. Culebrea ágilmente entre todo ello y una compañera la ayuda trayendo los platos, de plástico. Podría ser el comienzo de una orgía de estas en las que vuela la comida, la bebida, los protagonistas resbalan con los restos y terminan hozando entre desperdicios, cubiertos de mugre; lo estoy viendo a cámara lenta, de repente aparece una tarta, los rostros están desencajados y cubiertos de trocitos... Pues no. Los once niños están sentados en sus sillitas, alrededor de tres mesas octogonales, comiendo. Comiendo macarrones, primer plato, y pescado, segundo. Y comiendo solos. Marta solo ayuda a un par de ellos que no llegan al año y medio y la ayuda se limita a empujar algún trozo huidizo. No es el silencio absoluto, pero nadie protesta. Llaman a Marta, se extrañan de que haya un señor en la clase, le saludan... Pero comen. Es cierto que muchos de ellos parecen al minuto siguiente leones en pleno festín de gacela, toda la cara llena de sangre... Perdón, de tomate.

Pero comen. Unos comen más rápido y piden enseguida el segundo, otros van más lentos y el pescado tiene que esperar. Pero comen. Algún trozo cae al suelo, las mesas no están inmaculadas, mucho menos los baberos. Pero comen.

Un aula más para allá, la clase de dos a tres años. Veinte niños. De un rato de juego libre mientras unos se lavaban las manos y otros, uno o dos, cambiaban sus pañales, han pasado a la colchoneta de la Asamblea. Llega la hora de comer y, a la voz de Yolanda y de Montse, diecisiete se sientan a la mesa —mismas mesas octogonales—. Otros tres, que no se van a quedar a comer, siguen a lo suyo con unos cuentos, mientras sus compis se van sentando. Todos saben cuál es el sitio de A., una de las niñas, y nadie se lo quita, ni siquiera L. o J., las más movidas. Uno de los niños amaga con llorar porque no encuentra sitio. I. se lo indica levantando su bracito y señalando un sitio a su lado. P. quiere el babero rosa, o sea que el vaso rosa será para L. «¿Queréis agua?» «¡Síiiii!» Blanca, Yolanda y Montse pasan un vaso para cada uno. El que quiere más, alarga la mano y la pide. «¡Qué buenísima está el agua!», dice L., la más parlanchina, la más despierta. Beben todos, devuelven el vaso y esperan un trocito de pan, su aperitivo. No han quedado charcos, ni una gota ha caído al suelo o a las mesas. Nadie se levanta. Comen su pan y esperan sus macarrones. P. tiene alergia al huevo, así que para él hay puré. Es raro que el cátering no haya traído pasta adaptada, pero bueno, P. se come su puré ayudado por Yolanda mirando con pena la pasta de sus compañeros. Pero no protesta. L., que es celíaca, sí tiene su pasta sin gluten. A., que no ha dicho nada en todo el rato, devora la pasta como si no hubiera un mañana. La cuchara parece a veces demasiado grande para su boquita, su carita, sus ojos azules. Además de sus educadoras, Blanca, la directora, y un señor están mirándoles comer. Pero comen. Las caras se van tiñendo, las mesas recogen lo que no quieren los platos, hay comentarios y alguna risa, pero no llantos. Los tres que no se quedan a comer siguen jugando, esperando a que los recojan. No molestan a sus compañeros ni lloran de envidia o de hambre. Entre casi treinta niños, ninguno remolonea con la comida, ninguno dice «No me gusta», ni siquiera el del puré, ni siquiera con el pescado, ninguno se pelea y ninguno llora. No es el refectorio de una abadía franciscana pero reina una alegre paz.

Entre esos casi treinta niños, seguro que al menos la mitad desespera a sus padres en casa a la hora de comer. Es lo más recurrente cuando se relaciona comida y guardería: en la escuela lo come todo y bien y en casa no come nada y, cuando lo hace es a base de mezclar judías verdes con natillas de chocolate, a base de chantajes, promesas, amenazas, persecuciones cuchara en mano, llantos, a base de televisión o montañitas de *ketchup*... En las escuelas suelen decirnos que nuestros niños, que no se tragan dos guisantes entre medio kilo de filetes de pollo ni metidos en un batido de chocolate, no tienen problemas para comer. Lo hacen solos, vacían los platos hasta con el brócoli. Yo mismo he pasado por ello. Y siempre tenemos la tentación de no creer a las maestras. «No me lo creo, es imposible que se coma el pescado, si en casa no puede ni ver que lo saque del congelador. No puede ser que se coma bien las judías verdes. ¡Pero si ve al verdulero y llora!»

Como muestra de esa falta de credibilidad, un botón. El padre de un alumno pide a Nuria, la dueña de Querubines, que grabe a su hijo comiendo la fruta de la merienda porque no se cree que realmente se la tome. Sin problemas. «Le grabé al principio, cuando empezó a comérsela. Nada, unos veinte segundos. Y luego, otros veinte segundos al final, cuando terminaba.» Pese a verlo con sus propios ojos, el padre suelta:

«—¡Bah! Entre medias se lo has quitado!

»—Pues vete a la mierda —Nuria no se anda con miramientos a la hora de hablar, ni a mí ni a los papás—. Así se lo dije. A ver, te lo estoy grabando para que veas que se come la fruta, he perdido con esto un minuto de más y encima me estás diciendo... Que el problema lo tienes tú, que [tu hijo] no acata las normas en casa, que aquí se porta genial. ¿Qué necesidad tengo de engañarte? ¿Qué gano con ello?»

El secreto de las guarderías para que los niños coman sería para los padres, sobre todo los primerizos, como el santo grial para los arqueólogos, como la piedra filosofal para los alquimistas, como la fuente de la eterna juventud, como la pócima de Astérix y Obélix para los romanos. Atentos, voy a contar ese secreto: no lo hay, no hay truco. En todos los centros con los que he comentado este asunto me han dicho lo mismo:

a) Ellos saben que no hay más opciones. O sea, si no comen, se quedan sin comer.

b) Ven a sus compañeros y se imitan. De hecho, si se juntan varios que coman mal, malo.

Cuando un niño escolarizado supera el biberón y comienza, sobre los seis meses, a comer purés, es cuando empieza el problema. Javier percibe que muchas familias «lo toman como una competición». ¿Por qué contigo (educador) come y conmigo no come? Según su criterio, el momento de la comida se vincula mucho a lo afectivo, al chantaje emocional. «Los niños saben que a ti te molesta mucho que no coma, que le prestas mucha atención a la comida, pues ellos van a aprovechar ese ratito para llamarte aún más la atención. A mí me pasaba lo mismo, al principio no me comía ninguno. Al final te tienes que relajar. El niño tiene que comer y va a comer. Nunca se va a morir de hambre un niño habiendo comida. Otra cosa es que coma lo que tú crees que tiene que comer. No siempre tienen el mismo apetito y ellos se regulan mejor que los adultos.» No se empachan. «Pero sí es cierto que conmigo tienen una relación a la hora de comer y con los padres otra. Entre otras cosas, porque yo tengo que dar de comer a veinte niños, o a catorce o a ocho —y por tanto, su atención se tiene que repartir—, mientras que un padre se dedica, más o menos, a comer contra su niño.» Es decir, que Javier no se va a dedicar en exclusiva a uno, haciéndole todo tipo de mojigangas para que abra la boca. Tiene siete más que atender. Y, como de todas formas no habrá otro plato, el niño se verá sin el nivel de atención que busca y sin comida. Así que come. Puedo dar fe.

¿Hay excepciones? En Mi Cole, en Zaragoza, Cristina y sus compañeras se convirtieron en una ocasión en las malas de la película. Una niña que comía en casa y no quería comer en su guarde. Insólito. «Nosotras éramos las malas. La mayoría de los días salía sin haber comido nada.» Se devanaban los sesos: «Es imposible que en casa coma y aquí no quiera comer.» Pues sí que era raro, sí. El caso era único. En realidad, no era un caso único sino más bien un ejemplo de que la comunicación padres-escuela ha de ser constante y sincera, con todo, pero con la comida incluso más. A Cristina, los padres le dijeron que la niña ya comía sólido y ellas venga a intentarlo, venga a insistir con los trozos, pero nada. Claro, es que eso no era cierto. La batidora familiar funcionaba a pleno rendimiento. En cuanto Cristina retomó la suya, la situación volvió a la normalidad y la niña salía del cole con la tripa llena.

Lo que apenas admite excepciones es que la desesperación aflora en los padres cuyos hijos no comen y terminamos por ceder a su chantaje, dándoles lo que sí están dispuestos a pasar, generalmente algo insano. «Es que lleva veinticuatro horas sin comer», es uno de los argumentos que refieren a Gema, de Manoplas, para justificar esa rendición al capricho del niño. «¿Has probado a esperar a las veinticinco? A lo mejor, en la veinticinco terminan comiendo.» Javier abunda en ese punto: «El hambre es una sensación muy cabrona, hay que saciarla.» Es decir, el niño va a comer. «Si te empeñas en que termine el plato y que si no lo hace no se levanta del sitio, el niño pensará "Para cabezón, yo". Pero si te relajas y dices "¿No quieres comer esto? Pues esto es lo que hay, no hay otra cosa. Puedes irte", le vas a dejar descolocado. A la tercera vez, dirá: "pues me lo voy a comer". Aunque sea solo un poquito. Nunca hay que forzarles.»

No fuerzan nunca Gemma ni sus compañeras en Pam i Pipa, «pero es que aquí lo sentamos a la mesa y el niño come tranquilamente. Y aquí tenemos una norma: lo que se pone en el plato se tiene que terminar». Conocen bien a los niños y saben cuál come más o menos y lo que le gusta y lo que no a cada uno. «Tú ya lo sabes. Si a este niño no le gustan, por ejemplo, los garbanzos, pues ya le pones menos.»

Sea como sea, la alimentación es una constante preocupación de los padres que se traslada irremediablemente a las escuelas. Estas dedican en muchas ocasiones una atención muy especial a lo que comen y dan de comer.

¡PUÑETA!

En la escuela de Gemma encontraron un mirlo blanco. La cocinera-maestra. Antes era más maestra. Ahora se ha inclinado más por los fogones. Pero antes de ponerse el delantal, a primera hora, ayuda en el «periodo extraescolar», que llaman allí, el rato entre las ocho y las nueve de la mañana en que van llegando los niños y desayunan o juegan; luego está de apoyo en una de las aulas; a la hora de comer, ayuda, y por la tarde se encarga también de dar las meriendas. Y entre medias, una vez al mes, realiza talleres de cocina con los alumnos de dos a tres años. Por ejemplo, la elaboración de mermeladas con las frutas de los árboles del jardín o de ensaladas con la cosecha del huerto. Lo hemos visto en el capítulo de Actividades.

«Para nosotras, el tema de la cocina es muy importante.» Como en otros muchos centros, esta escuela de Barcelona tiene los menús en su página web, para que los padres sepan qué han comido sus hijos. Pero además, ellos incluyen las recetas, para dar una continuidad a la alimentación fuera de la escuela. Todo sea por dar facilidades a los papás. Como además cuentan con su maestra-cocinera, en septiembre «ella hace un curso, una jornada, para explicar a los padres cómo hace la comida». Por ejemplo, «cada día los niños comen mucha fruta y mucha verdura.

El día que hay macarrones, ponemos cuatro o cinco verduras en el sofrito: tomate, cebolla, pimiento, zanahoria. Luego se tritura y el niño come macarrones, pero también come verduras. Solo empleamos aceite de oliva, la comida es de primera calidad, comprada fresca cada día en el mercado del barrio. Es un tipo de cocina muy valorada y a nosotros nos interesa darla a conocer a los padres».

Como ejemplo del buen trato que en Pam i Pipa dan a la alimentación, en los menús de Gemma, los lunes siempre hay tortilla. La razón para este curioso fenómeno: los lunes no hay género fresco de carne en los mercados, y ellos hacen la compra cada día, así que la carne se compra a partir del martes. Por tanto, los lunes, huevo. «Pues me he encontrado infinidad de madres que me dicen: "Oye, cambiad el día de la tortilla los lunes porque claro, el domingo, como venimos de fuera, para cenar hacemos a los niños tortilla, y claro, vosotras el lunes se la volvéis a dar."

»—¡Puñeta! —Gemma hierve al teléfono—. Cámbiale tú, no le des tortilla.

»—Es que si no, no sé qué darle.

»—¡Hombre! Pues un pan con tomate y jamón, unas croquetas... Yo qué sé, hay mil cosas.

»Pero no, nos piden a nosotros que cambiemos la tortilla porque a ellos les va mal el fin de semana. Y con eso nos hemos encontrado muchas.» Y mira que te están dando hasta las recetas y todo.

Pese a esos intentos, los padres hacemos luego muchos disparates. Vean uno que le tocó escuchar a Gemma. «Fue una persona que tuvimos hace tiempo aquí en la escuela, una persona con una carrera y todo, ¿eh? Bueno, nos dijo que ya podíamos ir introduciendo el pollo en la comida de su hijo pequeñito. Hasta entonces, solo estábamos dándole verduras.

»—Bueno, pues muy bien, no te preocupes que a partir de ahora le damos el pollo, ningún problema—. Y comenzaron a dárselo en los purés.

»El niño comía perfectamente. Pero la mamá se presentaba de vez en cuando, preocupada.

»—¿Cómo se lo ha comido, cómo?

»—Pues muy bien se lo ha comido, muy bien. Puedes estar tranquila.

»Pero la preocupación de la madre seguía ahí. Probablemente pensarán que estamos ante el típico caso del niño que come mejor en la guardería que en casa. Y más cuando hablamos de una mamá nerviosilla. Mejor sigan leyendo.

»Al cabo de una semana o así, me viene de nuevo la chica toda preocupada.

»—Mira, tengo que hablar contigo.

»—Tú dirás.

»—¿Cómo lo hacéis aquí, lo del pollo? Es que a mí me ha dicho el pediatra que pusiera la pechuga a hervir con la verdura y que lo triturase. Vengo a preguntarte si vosotras hacéis lo mismo, porque yo ya me he cargado dos minipimers. Es que yo lo ponía con los huesos y la piel.

»¡El pollo entero ponía a hervir!» Gemma se escandaliza, se acelera, literalmente, clama al cielo. «Yo es que no daba crédito. Una persona que, en teoría, tiene cierta cultura, no me digas. ¿Cómo puedes...? Es que es muy fuerte. Es que en la vida se me ocurriría una cosa así.» Pero a un padre novato sí, ahora veremos otro ejemplo. Y menos mal que lo primero que comen es pollo, si el pediatra le hubiese dicho cordero...

Que los padres novatos somos una maravilla es un hecho que, para mí, no admite discusión. Lo acabamos de ver en Pam i Pipa, pero hay más. En este caso, que relata Aurora, hablamos de una niña de alrededor de seis meses, edad en la que los bebés dejan de alimentarse exclusivamente de leche materna o biberón para comenzar la ingesta de verduras. Esos purés deliciosos de verdura cocida sin sal ni nada que le dé algo de alegría. La mamá de la niña comenzó, a instancias de la pediatra, la alimentación en puré y avisó a la escuela para que hiciese lo mismo. Nuevo caso típico: en el centro la niña comía sin problemas pero en casa no había manera.

Como las educadoras se convierten a veces en nuestras guías, nuestros oráculos, y nuestra supervivencia y la de nuestros hijos depende en gran medida de ellas, la mamá acudió a El Bibio para cerciorarse de que lo hacía todo como era debido. O no. Imagino la conversación con la educadora:

—Es que en casa no come nada. Por más que lo intento...

—Pues aquí come sin problemas.

—¿Y cómo lo hacéis? ¿Qué le echáis?

—Pues lo normal. La verdura, la patata... ¿Y tú?

—Yo echo todo lo que me ha dicho la pediatra. Lo hago como me ha dicho ella. Que le eche patata cocida, puerro, zanahoria y un chorizo en aceite. —La sirena empieza a sonar.

—¡Ay, Dios! ¿Cómo que un chorizo en aceite? —Alerta roja.

—Eso me ha dicho.

—¿Y no te habrá dicho un chorrito de aceite...?

Me puedo imaginar la cara de la educadora: entre la risa y la preocupación sobre si la niña podrá salvarse. Me puedo imaginar un mejunje anaranjado y grasiento tropezado de trocitos. Lo que no me puedo imaginar es el sabor.

La niña no comía en casa. Gracias a Dios. Y gracias también a que de siete días, cinco estaba en el cole.

Mary Cruz, la jefa de Aurora, recuerda otro caso, este en sentido contrario. Era un niño que padecía un trastorno alimentario que le hacía comer sin control. «Son niños que comen... Es como una ansiedad, engordan muchísimo, tienen que tener mucho control con la comida. Tenía que estar constantemente vigilado.» Con este niño, y con su mamá —«una madre maravillosa»— y el resto de compañeros se fueron de excursión al campo. Como en toda buena excursión campestre, la comida era a base de bocadillos. «El niño se comió su bocadillo y le quitó el suyo a un compañero. Como siempre lo estábamos controlando, una maestra se acercó y le riñó: "No. Tú ya comiste", le dijo mientras devolvía el bocata a su legítimo dueño. Entonces, el pequeño compulsivo —"eso lo tengo yo grabado", Mary Cruz lo recuerda, lo vive— se puso a comer hierba, pero a arrancar la hierba como... ¿Tú sabes qué efecto eso, el niño comiendo hierba como loco?»

TOMA, DOS TAZAS

Habíamos visto un ejemplo en que Cristina y sus compañeras se convertían en las malas de la película porque daban a una niña cosas que no quería comer. Tienen también el caso contrario. Un experimento fallido, además. La niña, en este caso, no quería comer en casa. Concretamente, los garbanzos. Su mamá decía: «El día que le pongo garbanzos no los quiere, no los quiere y no los quiere.» No era su comida preferida, pero con Cristina, con esfuerzo, los tragaba. Siempre queda la duda de si en la escuela los hacen de manera diferente, o son de otra clase y esa sutil diferencia puede ser la clave —hay niños que rechazan un yogur que no sea de su marca; yo mismo conocí a unos niños que no comían galletas rotas—. La mamá decidió probar. En Mi Cole, la comida la trae un cátering, así que un día que había garbanzos se acercó por la mañana y habló con Cristina.

—¿Podéis hacerme un favor?

—Claro. ¿Cuál?

—Mira, si podéis, pedid un menú más. Así, yo lo llevaré a mi casa para ver si es que me toma el pelo a mí con los garbanzos o es que no le gustan los que hago yo.

La mami se fue a casa con su niña y con una ración de garbanzos. Al día siguiente, le preguntaron:

—¿Qué tal?

—Muy mal. Le puse los garbanzos para cenar y no se los comió porque decía que ya los había comido en el cole por la mañana.

Lo normal. «No sé qué esperaba.» Si ya de por sí no eran su plato preferido, venirle a la niña con doble ración...

Antes que en Mi Cole, Cristina trabajó en otro centro que tenía turno de tarde. Hasta donde yo conozco, no es muy habitual, al menos en Madrid, que las escuelas funcionen en turno vespertino, pero he encontrado varios casos en el resto de España. El turno de tarde es para niños que entran a clase a las dos o las tres y se quedan hasta las ocho, las nueve o... En ese tiempo, hacen más o menos las mismas actividades que sus compañeros madrugadores. Bueno, el caso es que Cristina topó con una pequeña que merendaba en la guardería, pero que venía comida de casa. «Se ve que era una niña que no comía bien en casa, así que la madre decidió que, si no comía, le pondría la comida en un *tupper* para que se la diésemos de merendar.» Hummm, unas riquísimas acelgas recalentadas para merendar. O un delicioso puré de verdura. ¿Se les ocurre algo más apetitoso? Y lo más importante, ¿la niña se lo comía? «Sí, con nosotras sí, pero claro, éramos siempre las malas.» Pese a las reticencias de Cristina, la mamá prefería que comiese su puré para merendar antes que la merienda. «El día que traía judías verdes, ahí estaba ella comiéndose sus judías verdes, mientras estaba viendo a los otros niños comiéndose, por ejemplo, un bocadillo de Nocilla. Además, era una niña que comía muy, muy, muy lento. Igual podía acabar de comer su *tupper* a las seis. Imagínate, comerte unas judías verdes a las seis de la tarde. Pensaba "Y ahora a las ocho de la tarde le van a dar de cenar?"»

Sospecha Cristina, y yo con ella, que la mamá no insistía del todo y que le era mucho más fácil que la niña comiese lo que a ella le interesaba en la escuela, aunque fuese para merendar. «Se lavaba las manos. Si la niña no comía, "oye, pues lo pongo en un *tupper* y así vosotras insistís".» ¿Y si comía bien en casa? «Entonces sí, la dejaba merendar normal, como el resto, pero creo que fueron como dos días en todo el curso. El resto de los días trajo el *tupper*.» Con su delicioso puré de verdura.

¡MILAGRO!

En Cáscara de Nuez, la escuela de Talavera de la Reina que dirige Marga, se producen recuperaciones milagrosas del apetito. «No sabemos por qué, pero entran sin comer y acaban comiendo excelente.» Para Marga y sus compañeras, uno de los factores puede ser el de la imitación. Otro, el hecho de contar con la comida casera de Paula, la cocinera, la «yaya de los niños». Debe ser persona buena, porque los niños la adoran y recurren también a ella para desfacer entuertos.

También son divinas las curaciones que experimentan algunos con problemas gástricos. «Tuvimos el caso al principio de un niño que vomitaba siempre la comida. Su madre lo trajo muy preocupada.» De hecho, lo estuvo llevando al médico y cuenta Marga que al niño le hicieron muchas pruebas, incluyendo lo que supongo que puede ser una sonda gástrica. El caso es que «fue llegar a la guarde y sin motivo ni razón —lo que yo les digo, intervención divina—, dejó de vomitar, jamás volvió a vomitar. De hecho, después fue de los que mejor comían». Más que una curación, una conversión, con su efecto rebote y todo. La madre, después de tanta prueba, «encantada de la vida, pensando que su hijo tenía un problema y lo que pasa es que la toreaba cada vez que no quería comer, se provocaba el vómito. Es algo habitual en los niños».

HISTORIA DE E.

La jornada laboral de Gema en Manoplas se extiende entre las siete de la mañana y las siete, siete y media de la tarde, de lunes a viernes. No es poco. Y Gema tiene su propia familia, su marido y una niña. Su jornada transcurre, evidentemente, en el centro del que es directora y propietaria desde 2010 y en el que se ocupa de una de las aulas. En absoluto implica alargar la semana más allá del viernes ni, a diario, una vez que los niños han sido recogidos por sus padres y el centro está limpio. Por supuesto, tampoco implica desplazarse fuera de la escuela, salvo cuando salen con los chicos de excursión o cuando uno de ellos necesita atención médica urgente. Esto ha sido lo habitual desde que abrió. Pero entonces llegó E.

E. no tiene nada de particular, es uno de esos niños que comía en la escuela y no en casa. Ya hemos visto que lo raro sería lo contrario. El que tenga un niño en una guardería lo sabe; el que vaya a tenerlo, lo sabrá casi seguro. Pero E. llevaba esta tendencia al extremo. En casa «no comía absolutamente nada». En la escuela, Gema tuvo que tener paciencia con él. «Costó bastante», pero E. empezó a comer. Y llegó un momento en que lo hacía de maravilla, pero había quien no confiaba en sus progresos. «Sus padres nos creían, obviamente», pero las abuelas... «Mira, ni mi madre ni mi suegra se creen que el niño coma», así que a Gema le cayó de la mamá el encargo de grabarlo en vídeo. «Efectivamente, grabamos al niño y el niño comía como una lima.» El problema seguía estando en casa. Allí no probaba bocado. Salvo algún yogur.

De tal forma que, pese a sus recién adquiridos hábitos

alimentarios escolares, E. cayó enfermo. Nada grave, lo justo para estar unos días a base de fármacos y otras delicias que te dejan el estómago hecho cisco. Al tercer día de estar de baja, la desesperación llevó a la mamá a recurrir por primera vez a Gema. ¿Cómo? «Lo bajaba a la escuela solo a comer», no acudía el resto del día porque estaba malito. La excusa era atajar el daño que las medicinas podían hacer a su tripita vacía. Y para Gema, donde comen cuatro...

¿Se puede tener miedo de ir de vacaciones? Hombre, depende de dónde se vaya a ir uno. Si lo que a uno le relaja es dar de comer en la boca a los cocodrilos, la perspectiva de acompañarlo puede dar algo de repelús, pero no suele ser lo habitual. No obstante, salir un mes del entorno habitual con E. sí producía a sus padres cierto temor, dadas sus reticencias culinarias. Por tanto, recurrieron a Gema por segunda vez. «Tenían miedo de que al volver de vacaciones no tuvieran niño, que se quedase hecho un silbidín.» Así que, durante las dos o tres semanas anteriores a las vacaciones, sobre las siete o siete y media de la tarde, poco antes de que Gema echase el cierre y se dedicase a su familia, E., que terminaba su jornada escolar a las cinco de la tarde, bajaba de nuevo a Manoplas a cenar. «Había días que había merendado a las cuatro y media, y a las siete y media lo tenía de nuevo en el cole, para cenar.» «Me bajaba la madre el *tupper* con puré y el yogur. Y el niño pin, pin, pin, tres minutos», mientras los padres, apurados, esperaban en un parque enfrente del centro. «El primer día, alucinados:

»—¿Ya?

»—Ya. —Y así, hasta que se fueron de vacaciones,

"para engordar al pichón".» Por si acaso el engorde no fuese suficiente, un calendario alternativo de vacaciones tampoco estaba de más. «A ver, nos vamos de vacaciones de este día a este día. Bueno, eso si no me vengo antes. Si me tengo que volver antes porque no aguante más, porque E. no va a comer y porque le vea que va a coger una anemia de caballo, venimos este día. Si consigo que medio vaya comiendo, venimos este otro día», es lo que decía a Gema la madre. Y la maestra replicaba: «Yo le doy de cenar de mil amores, pero esto no es una solución. Esto no te puede condicionar unas vacaciones, ni tu vida.»

Pero E. estaba empeñado en condicionar también la de Gema y darle trabajo fuera de su entorno y horario laborales como fuera. Así que un jueves por la tarde, tras marchar a casa, decidió enfermar de nuevo, de nuevo un simple catarro. Y vuelta al ayuno casero solo aliviado por yogures. Desesperada, «avergonzada, casi llorando», ya el domingo por la tarde, después de que su último bocado no lácteo fuese la merienda del jueves, la mamá tuvo que recurrir a Gema de nuevo, tercera vez, para que la profesora, y además vecina, acudiese a su casa a dar de comer al peque. Esta vez, E. esperaba a Gema en su terreno. «Yo me lo metí en una habitación, pero el niño sabía que su madre y su padre estaban en la cocina y todo el rato lloraba y les llamaba.» Así no había manera. Mejor un terreno neutral: la propia casa de Gema, la trona de su propia hija. Dicho y hecho. «Me cogí al niño, me lo subí a mi casa. Mi marido, que estaba dando de comer a mi hija, me ve aparecer con el niño:

»—¿Qué haces?

»—Pues nada, que voy a darle de comer. —Bueno, ya

llegaba yo también atacada. —Que voy a darle de comer, porque en su casa no he podido.

»—Pero ¿cómo que en su casa no has podido darle de comer?

»—En su casa no he podido, así que me lo subo aquí.

»Le senté en la trona de la niña. Tres minutos. Y encima le di dos yogures. Digo "¡Hala, toma! Un yogur y otro yogur porque no sé cuándo vas a volver a comer".» Y lleno lo devolvió a su casa.

[«Si ofertásemos nosotras este servicio, la mayoría vendría», dice Marta, de Cucutras, que se acaba de colar en esta historia.]

»Gema, por Dios, no nos dejes así. ¿Qué ha sido de E.? ¿Sigue comiendo tan bien? ¿Ha aparecido en tu lugar de vacaciones para que le dieses algo calórico?» «Hablé seriamente con los padres y hablamos unas pautas. Ahora come algo más, lo suficiente como para irse quince días de vacaciones, y los padres no le dan tanta importancia. Porque lo que les hacía era chantaje. Si no ha comido en todo el día y tú te has llevado el berrinche en el desayuno, en la comida y en la cena para al final ceder y darle un yogur, que es lo que él quiere, no te ha servido de nada.» La falta de opciones. «Cuando le dejes sin comer tres veces, incluido el yogur, tendrá hambre, y cuando tenga la comida delante, pensará "No, no, es que me voy a quedar sin comer otras tantas horas y me va a dar igual porque me voy a tener que comer lo que me pongan". Y comerá.» Y claro, E. ahora, come.

Otro día les cuento qué tal fue el cambio a la comida sólida.

Nuria también se ha visto dando purés u otras cosas en casas ajenas. «Así de veces», y hace el gesto con la mano de agrupar los dedos hacia arriba. En la de D. por ejemplo. «D. no cenaba ningún día en casa. Ninguno.» Su madre estaba bastante harta de la situación y por su boca salían sapos y culebras:

—¡Joder! Estoy hasta los huevos. No me cena ningún día y tú [Nuria] me dices que come, que come y que come.

—No come. Devora. Te voy a cobrar un plus. —En realidad, Nuria no iba a cobrar nada a nadie.

Al entrar por la puerta, D. estaba montando en su triciclo. «En cuanto me vio, giró y se fue pitando.»

—¡Che! Ven para acá. Venga, vamos a cenar.

Con el niño sentado, la madre se pregunta qué cocinar para su hijo. Órdago de Nuria a la grande:

—Pues chica, lo que menos se coma normalmente.

—La tortilla francesa.

—Pues ponle una tortilla francesa.

—Se la voy a hacer de tres huevos, porque claro, como no va a volver a cenar...

Manos a la obra, pues. El niño, mientras, sentadito, sin decir nada. Es que Nuria, que desciende de marqueses, no tolera las malas formas en la mesa. «Yo pelaba la fruta con cuchillo y tenedor.» No llegó a tanto D., pero se zampó la tortilla visto y no visto.

—¡Qué hijoputa! —decía su madre. Y lo repetía, pero nosotros no vamos a repetirlo, que este es un libro para todos los públicos. Nuria, en la cocina, intentaba frenarla.

—¡No digas eso, hombre!

—Es que es un cabrón. Un... —La madre, en ese momento, quiso compartir sus buenos sentimientos con su marido.

—¡Marido, ven aquí! ¿Has visto? ¿Has visto el c...? ¡Qué h..!

Nuria seguía intentando poner fin a la sarta de improperios de la mamá, fruto de la constatación de que su hijo les tomaba el pelo mezclada, suponemos, con la alegría de verlo comer.

—Pero deja al chico ya. Si ahora está comiendo. A ver, ¿qué le damos de postre?

—No, no. Hoy no hay postre. Hoy, vaso de leche con galletas. [Yo a eso lo llamo postre, pero en fin.] Si es que no me va a cenar en toda la semana...

Supongo que en una situación como esa, la tendencia es atiborrarlo para que pase todo el invierno, como los osos, pero no hizo falta. «Desde ese día, empezó a cenar.» No sabemos si porque le cogió gusto a eso de comer o por no volver a escuchar a su madre con la boca llena de tales lindezas.

También se acercó una noche Nuria a la casa de una pareja china —«pero chinos, chinos»— establecida en España. Tanto, que habían puesto a sus hijos gemelos, alumnos de Nuria, de dos años entonces, nombres españoles, D. y O. «Estos no comían en casa nada, sus padres estaban desesperados. Y un día aparecí, y encima, se pusieron la mar de contentos porque había ido.» Ellos no sabían que Nuria había ido a darles de cenar y Nuria no sabía que había ido a hacerles la cena. La madre tenía preparado lo de siempre. Arroz. «Pero un arroz... Un arroz que coges, pones unos ladrillos y te haces una casa divina.» Es que Nuria habla así, ya lo verán. «Yo no me corto un pelo. Yo, las cosas claras. Le dije a la madre:

»—Es que la mierda que les das... Es que esto no se puede comer. Es que esto no pasa. No pasa.

»—Que sí.

»—Que no. A ti te pasa, a tu marido le pasa, pero a mí no me pasa.»

Lo que pasó fue que Nuria hizo la cena, y los niños, como si estuvieran en la guarde. Todo para adentro. Y el arroz... no pasó.

COMIDA PARA LLEVAR

Créanme si les digo que María es una especie de Madre Teresa de Calcuta de Sóller. A ella no le gusta que se lo digan, pero me ha contado muchas cosas, cosas que me voy a guardar, cosas que hacen a uno emocionarse, como se emociona ella hasta las lágrimas recordando éxitos y tragedias, pequeños y grandes, que ha vivido y hecho vivir en los treinta y cinco años que lleva al frente de su *escoleta*. En pocas palabras: su corazón no cabe en Sóller.

Con la comida se puede poner un pequeño ejemplo. Ella hace la comida para los peques en la *escoleta* —me encanta esta palabra—, una comida distinta para cada edad. Su madre fue cocinera y ella ha estado delante de los fogones desde pequeña. Nuestra charla, por teléfono, comenzó con una suculenta receta de caldo y luego pasó a los *crespells*, unas galletitas de Pascua típicas de Mallorca, y a los coquitos. Y tiene una completísima receta de puré para los bebés que no se queda en la escuela. «Lo que sobra lo pongo en botecitos y las madres se lo llevan, lo congelan y así lo tienen para el sábado o el domingo.» María ha solucionado la comida de los fines de semana a infinidad de familias, además de llevarse a su casa a dar de cenar a muchos niños cuyos padres no han podido recogerlos. «Y sin cobrar un duro.»

CSI EN EL COMEDOR

Ana y Nuria pueden contar que en su día recibieron la visita de la Gestapo, como lo llama una, o del CSI, como dice la otra. Son los inspectores de Sanidad que aparecen cuando se detecta un caso de salmonelosis, por ejemplo. Es un protocolo automático, pero muy aparatoso.

En el caso de Ana, los inspectores se presentaron como consecuencia de una denuncia de unos padres rusos, cuya hija enfermó con gastroenteritis a causa del virus. «La niña coge gastroenteritis y los padres deciden que, en vez de algo que ha comido fuera, ha sido en la escuela. Y se presenta una denuncia, incluida petición de indemnización por daños y perjuicios. Y te quedas muerta.» A raíz de la denuncia, se personaron en Party un par de inspectores del Servicio Andaluz de Salud, el SAS. «Te vienen dos tíos, con sus maletines, y empiezan a hacerte las varillas [para coger muestras de saliva], te dicen "de ahí no te mueves hasta que hagas las heces en un bote", y la orina, todas las muestras. En Andalucía, el sistema con la alimentación es fortísimo.»

¿Cómo de fuerte? Las escuelas infantiles —imagino que los comedores escolares y otros colectivos también— tienen que congelar muestras de todos los alimentos que cocinan. «Luego, pagar de nuestro dinero un laboratorio para que las analice.» Cuando reciben los resultados de los análisis, tienen que archivarlos y clasificarlos hasta que el inspector hace la visita periódica. «El sistema, primero, es una pasta; y segundo, es un coñazo.» Ana es también de hablar clarito. Además de las muestras congeladas, «tenemos que apuntar todo. Por ejemplo, mañana hay espaguetis, marca tal. Pues la marca tal tiene un código de veinte numeritos y eso lo tenemos que apuntar en una libreta especial, junto con el día que lo hemos comprado y dónde». Se queja Ana: «Hacemos el trabajo que les correspondería a los inspectores. Antes, se presentaban por sorpresa, te pillaban *in fraganti* y te decían: "A ver, ¿qué estáis cocinando? Me llevo una muestra. A ver, tus uñas, la boca, abre, el bastoncillo." Ahora, nosotras lo vamos haciendo [las muestras], el laboratorio, de nuestro bolsillo, las analiza y cuando viene el inspector lo que pide son las analíticas. Y le das un tocho inmenso y se lo lleva.»

Pero cuando hay denuncia, toman además muestras de la cocina y del personal. Lo rocambolesco es que en este caso tomaron esas muestras de los empleados y el instrumental de cocina diez días después del supuesto contagio, que fue cuando aparecieron en Party. «Es ridículo.» Y no encontraron nada, claro. «Nada, pero es que luego ni te piden disculpas. No, vienen como la Gestapo.» Y lo mejor de todo: la niña en cuestión fue la única que enfermó de todo el centro. «Si hubiese sido por comer algo en malas condiciones, esto es un comedor infantil, habrían caído todos. Es una cosa que caen todos. No falla. Pero un individuo solo es imposible. Habrá sido un helado, una tarta, no lo sé, pero en mi centro es imposible.» Los padres, por cierto, tampoco pidieron disculpas.

A Nuria, por su parte, la llamó una madre para decir que su hija había sido ingresada por salmonelosis. «Y que otros tres están malitos. Y les llamé.» A los del CSI, al departamento de Sanidad de la Junta de Castilla y León. «Hay enfermedades que hay que declarar: salmonelosis, sarampión, meningitis... Y yo llamé: "Me pasa esto." ¡Buah! CSI. Vinieron los veterinarios [quiero suponer que se refiere a los inspectores], cerraron el centro a cal y canto, se metieron dentro de la cocina y cogieron...» Cuando a Nuria le pasó, en Castilla y León aún no se había implantado el sistema de congelación diaria de muestras de comida, así que tomaron muestras de «TODO lo que había en la cocina». El énfasis de Nuria indica que los detectives se tomaron en serio su trabajo. «Se pegaron como cuatro horas cogiendo muestras de todo.» Era viernes. El lunes, todas las educadoras tenían que hacerse analizar las heces, la orina y la sangre. Les ahorraré la reunión de las cinco educadoras en el centro indicado por Sanidad. Tan solo dejo un «Tu, ¿qué?» seguido de un «Yo, nada.» El resto, se lo imaginan, si quieren.

El desenlace es aún más rocambolesco. Nuria le decía a Sanidad: «Esto no ha podido ser de la comida porque la niña que está ingresada no come aquí. Esto tiene que ser transmisión por heces, de que algún niño se haya rascado y luego...» El padre de la niña ingresada se enfadó con esta hipótesis, preguntando indignado a Nuria si es que su hija «comía mierda». No, pero sí que era verdad que un niño, que por cierto, tampoco comía en la escuela —«yo, toda mi obsesión era que no fuese de la comida»— había ido a la guardería con la enfermedad, según confesó su propia madre: «Sí, tenía salmonelosis, lo que pasa es que lo estábamos tratando.» «Era médico ella y me llevó al niño a la escuela con salmonelosis», se indigna Nuria. Y claro, lo fue transmitiendo de uno a otro. Al conocer el caso y el medio de contagio, un médico del departamento reunió a los padres de los niños y «les puso... ¡Bufff, cómo les puso! Yo no sabía dónde meterme». «Pues en tu casa, Nuria.» Porque la guardería estuvo una semana cerrada mientras desinfectaban. «Sí, sí, tuvo que venir el de Sanidad a quitar el precinto. O sea, CSI.»

LA REBELIÓN DE LAS LEGUMBRES

¿Se imaginan una revuelta en masa contra el garbanzo? ¿Una protesta masiva contra la alubia blanca? ¿Un plante multitudinario contra la pinta? María no tiene que imaginárselo, porque en su escuela todos los años hay una, bien contra la verdura, contra las hortalizas o contra las legumbres. No se trata de irse a la frontera a vaciar camiones, estamos hablando de niños entre un año y tres. «En Chikilandia, todos los años hay un plato que no les gusta. El último año han sido las legumbres. Antes fue la verdura, pero eso es más habitual. Pero el último curso no había manera de que se comieran los garbanzos o las alubias. Y las hacen igual, porque es el mismo cátering de toda la vida.»

El proceso de contagio revolucionario es casi siempre el mismo: «Si a uno no le gusta, los otros lo ven y van detrás.» Basta con que dos de la misma mesa estén en contra para que formen un comité que enseguida va adquiriendo más adeptos. «Ya los demás empiezan a hacer un poco... A jugar con el plato. Como ven que el de enfrente no come, yo tampoco como; como yo tampoco, el otro... Al final esto parece una rebelión.»

Además del mareo de la comida en el plato, típica maniobra de distracción, las tácticas saboteadoras de los contestatarios incluyen la toma clandestina de porciones, burlando siempre la alerta de la educadora, y su entrega al camarada de al lado. El peligro, lo sabe el vigilante, es cuando el de al lado resulta ser un soplón o un infiltrado: «Oyeeeee, María, que L. me pasa comida todo el ratoooo.»

Los encargados del orden recurren en ocasiones, para sofocar la algarada, al chantaje. «No se debe recurrir normalmente, pero si no comen el primer plato, o parte, al menos que prueben un poco, no seguimos con el segundo.» La vieja estrategia del palo y la zanahoria. Se jactan las autoridades: «Y al final, acaban comiendo. A veces no todo, porque tampoco podemos pretender que un niño se coma todo lo que no le gusta, pero acaban comiendo.» No obstante, la responsable del orden precisa que no hay que abusar de esta estrategia. «Le cogen a uno muy rápido las vueltas.»

Y una vez ahogada la protesta, todos a dormir.

TÉCNICAS DE SABOTAJE A LA AUTORIDAD

Al igual que María, Blanca y otras educadoras han descubierto todo tipo de complots contra los interventores del buen comer. Complots con el único fin de no deglutir el sólido, semisólido o líquido alimento. Algunos de ellos utilizaban técnicas altamente sofisticadas y otros incluían el trabajo en equipo de unidades coordinadas.

Una de esas técnicas consistía en disfrazar el alimento. Ante el plato de judías verdes y los exhortos de Sonia —«¿Qué pasa, mi vida? Hay que comer las judías»—, P. replicaba que «esos pimientitos» no me gustan. Otro P., técnicamente más ducho, sabía cómo disociar las judías verdes que le ponía Marta para conseguir sus oscuros propósitos. «Separaba las judías de las habitas de dentro y solo se comía las habitas.»

Por su parte, Blanca descubrió en su primer año al frente de su brigada a un agente que sufrió un brusco cambio de comportamiento, fruto, claro está, de un engaño hábilmente urdido. «Era un niño en la clase de dos-tres que comía fatal. Todo. Y merendar, no merendaba nunca.» Era evidente que recibía apoyo del exterior. «Su madre le traía todos los días un donut, con lo cual, estupendo, no había forma.» Pero Blanca no se rindió y, sin que mediase motivo, llegó el momento del cambio: «Encadenó dos o tres días merendando fenomenal. Hasta que descubrí que tiraba el sándwich a la papelera en cuanto me daba la vuelta. ¡Con dos años!» Anulada esta treta gracias a la desde entonces constante vigilancia de los vertederos, Sonia descubrió que otros habían pasado a meter el bocadillo u otros comestibles en el bolsillo del babi, el uniforme clásico de los pequeños malhechores.

Recurrir al efectivo legal, el no fichado, también es de uso común entre ellos. Marta «tenía uno que le pasaba la comida al de al lado, y como al de al lado le gustaba comer, uno comía el doble y el otro nada». En Party encontramos una variante de esta técnica. Afectado de celiaquía, el agente no se dejaba engañar por la comida especial que le ponían y, aprovechando los descuidos de la vigilancia, trasladaba el contenido de su plato al de la derecha y se hacía con la comida del de la izquierda.

Este último es un ardid que utilizan los mini-agentes para anular las técnicas que ponen en marcha los vigilantes para evitar el contagio revolucionario. «Yo los intercalo: uno que come bien al lado de uno que come mal. Como se pongan dos o tres que comen mal en la misma mesa y no te des cuenta, te la lían.» Claro, Marta, pero ¿y si el que come mal es un avezado felón? Pues enseguida estará colocando su dosis al que come bien, esté o no fichado.

En el cuadrante noroeste de la Península se ha observado otro tipo de artimaña para burlar la obligación de comer. Aprovechaba un galleguito de catorce meses que Estefanía era aún nueva en el negocio y se hacía el dormido y «yo me lo tragaba todo», confiesa. Poco le duró la coartada al villano, pues Estefanía pronto pudo comprobar que lo echaba en la cuna y no se dormía. «Fueron dos o tres días y me di cuenta de que me estaba vacilando.» Fue un periodo de aprendizaje exprés para la nueva vigilante: «Son muy pequeños y tal, pero hasta que no trabajas aquí dentro con ellos, no te das cuenta de lo relistos que son.»

Pero sin duda, la técnica más refinada era la de los gemelos G. y A., ambos idénticos e idénticamente al servicio del mal. Blanca descubrió sus turbios manejos cuando aún trabajaba en esa guardería de guardar de la que hemos hablado, en sus primeros años. «Uno comía fenomenal y el otro fatal.» Pero, de pronto, sin razón alguna que lo justificase, a la hora de recibir su rancho, la actitud de uno de los malvados, el del mal comer, se alteró significativamente, levantando de inmediato las sospechas de la autoridad. Blanca, responsable de las fuerzas y cuerpos de seguridad, presa de la duda —«No sé por qué me da, no sé por qué me da...»— cotejó sus informes con los de su compañera:

—Oye. ¿Tú estás segura de que vienen los dos?

—Pues claro, no vamos a dar de desayunar dos veces al mismo.

—¿Estás segura?

—Que sí. ¿Cómo vamos a dar de desayunar a uno dos veces? Además, la papilla de cereales así, bien espesita.

—¿Qué te juegas a que A. no viene?

Para confirmar la impostura, Blanca recurrió al viejo truco del señuelo. Sin que los impostores se percataran, cambió sus habituales baberos iguales por dos de distinto color. A. fue identificado con el babero de nombre en clave *Alfa*. G., con el babero de alias *Charlie*. Al parecer, la pareja, de menos de dos años, aún era demasiado bisoña y tierna para sospechar de la encerrona. Solo quedaba esperar a que la paloma entrase en el palomar, a que el pez mordiese el anzuelo.

—¡A., ven a desayunar! —A., ataviado con el babero *Alfa*, acudió raudo a dar cuenta de su ración, lo cual hizo sin dilación, sin desviarse un milímetro del objetivo.

—¡G., ven a desayunar! —Ocurrió lo previsto y acudió A. de nuevo. El babero *Alfa* le delataba. La trama había sido descubierta, la red desmantelada, el ave estaba en la cazuela.

—¡Victoria! —clamaron las fuerzas del bien al saberse

por esta vez vencedoras sobre los caminos del maligno. No se relajaron, no obstante. Mirando al horizonte sobre la puesta de sol, se dijeron que aún quedaba mucho por hacer. Entre otras cosas, G. no había desayunado.

Disculpen este arrebato literario. No he podido evitar vislumbrar dos bandos.

5

Padres

Las educadoras de guardería tienen a veces que lidiar con personas muy complicadas, ocurrentes, testarudas, impertinentes, maleducadas, simpatiquísimas, desconfiadas, caprichosas, encantadoras, zafias, malencaradas, inocentes, inexpertas... Son los papás de sus alumnos.

Cuando pongo a Gemma a hacer memoria, habla con sus compañeras a la hora de comer para reunir historias que contarme. «¡Ostras! Todo lo que se me ocurre tiene que ver con los padres.» «Yo te puedo contar más cosas casi de los padres que de los niños. Es más difícil a veces el trato con los padres que con los niños», me dice María, de Lala Lunera. «Es la parte peor del trabajo. Bueno, no es que sea mala, pero hay algunos padres...», suelta Sonia cuando le pregunto por momentos en que desearían que las tragase la tierra.

Suele ser una de las cosas que menos gusta a las maestras, por la presión que supone y por las impertinencias o faltas de educación que han de soportar. Puntualiza Gemma que la mayoría son encantadores, pero cuando uno se

atraviesa, vale por varios. «Tela lo que tenemos que ver.»
Y que aguantar.

SOBREPROTEGIDOS

En los veintidós años que lleva abierta Pam i Pipa, Gemma ha notado que «los niños han cambiado muchísimo. A
mal, a mal, es decir, están mucho más mimados que antes».
A Ana no le gusta la palabra mimados, partidaria como
es de que a los peques se les mime muchísimo, besos,
abrazos, caricias. Prefiere decir consentidos. Delfina
cuenta que ha habido padres que le han pedido que no
deje que sus hijos se suban a un tobogán de la escuela para
que no se hagan daño: «Pero entonces, ¿cómo va a avan-
zar el niño en todo, en la vida?», respondió. Quizá sea,
aventura Gemma, porque los padres cada vez lo somos
más tarde y tendemos a sobreproteger a nuestro tesoro.
Fruto de esa protección son niños que esclavizan a sus
padres. Veamos.

Gemma notó alguna vez en la madre de una niña un
aspecto algo desaliñado, pero no decía nada. Hasta que un
día, al llevar a la niña al cole, Gemma no pudo evitar mirarla
un poco más de la cuenta. «Yo la vi vestida con... Bueno, iba
la pobre... Llevaba unas medias con agujeros y... Bueno, una
cosa impensable.» Gemma no es capaz de describirlo.
«Fatal», resume. «Yo la miré así un poco como diciendo
"¿Dónde vas así?" Una chica que, además, es diseñadora.»
La madre, cabizbaja, advirtió la mirada de Gemma y se
rindió:

—¡Ay! Mira, ya sé que voy mal conjuntada.

—Bueno... —«Me quedé como muy así, ¿no? Muy parada.»

—No. ¿Sabes lo que pasa? Es que mi hija quiere escogerme mi ropa y ya no puedo salir de casa con lo que yo quiera. Tiene que ser lo que ella quiere. Y si no, se coge unas rabietas... Entonces yo voy vestida como quiere ella.

«Esto, sinceramente, esto es impensable. No puedes permitir que los niños lleguen a esto.» Pues no, la verdad. Pero se empieza cediendo un poco...

Sin abandonar el tema del niño tirano, Gemma recuerda a otra madre que, «como su hijo no comía bien, le hacía tres o cuatro platitos para que él escogiera lo que quería comer». Dice saber Gemma, de buena tinta, que esa mamá sigue haciéndolo. «A ver, ¿hasta dónde hemos llegado? Son cosas que me parecen imposibles.» Ana, que lleva también un montón de años en el negocio de los niños, está completamente de acuerdo. Para ella, el hecho de que «ahora, o tenemos un solo hijo o los tenemos muy dispersos (con años entre uno y otro)» contribuye a que los sobreprotejamos, convirtiéndolos en «monstruos. Pero monstruos, monstruos, monstruos».

A SU ALTURA

Y tan monstruos. Y si no, vean esta. Nuria en sus primeros años al frente de su escuela sorprendió a M. pegando a un niño. O, contándolo en el lenguaje directo de Nuria, «le estaba pegando unas hostias...». M. era una niña «pequeñita, con el pelo rizado, tirabuzones, monísima». Pero con una mala baba... «Le estaba dando con la mano abierta. "¿Te ha dolido?", le decía al niño.» Nuria la dejó hacer unos segundos, por ver su forma de actuar, pero tuvo que intervenir.

—¡M.! —y la niña paró de pronto.

—Se ha dado con eso...

—¿Cómo que se ha dado con eso?

—Llora D. porque se ha caído y se ha dado con eso.

—No, le has pegado tú.

—¿Yo? Yo no he sido...

Viendo cómo se manejaba la niña, Nuria contó el episodio a la madre y así pudo hacerse una idea del comportamiento de la niña en casa.

—No, si a mí... Yo ya no sé cómo hacerlo. No sé qué hacer con ella —respondió la mamá.

Y es que la niña «en casa, cuando quería algo, tiraba las sillas del salón; si no quería comer, rompía el plato. Había cogido tanto la medida a los padres que era la que mandaba en casa». Tanto, que... Nuria siempre dice a los padres que se agachen para hablar con sus hijos para estar a su altura. Un día, el padre, cuando fue a recogerla, no estaba Nuria presente en ese instante, se agachó para decirle algo. «Le vi darle una patada en los h... al padre que casi le tengo que hacer el boca a boca. El hombre se cayó para atrás, no podía ni respirar.» Y todo, porque no le había traído una golosina.

—¡M.! ¿Qué has hecho?

—No me ha traído el palote.

Nuria llegó a una conclusión. «Era la reina del mambo y cuando no estaba yo, que soy el referente de la niña en la guarde, se liaba a pegar a cualquiera. En cuanto veía al referente, que era yo, se acababa.» Así que cogió a la niña, se agachó y le dijo: «Aquí mando yo. No soy tu madre ni soy tu padre. Y aquí mando yo.» Desde ese día, no volvió a tener más problemas con ella. Y dio algunas pautas a los papás para que pudieran agacharse sin peligro.

CONFIANZA

Otro de los cambios que ha notado Gemma en sus años de experiencia es que los padres no valoran de igual forma la labor de las guarderías. «Antes, los padres confiaban muchísimo más en la guardería, nos daban carta blanca en muchos aspectos, nos consultaban mucho. Y tú les dabas unas pinceladas y te seguían.» Ahora son ellos los que quieren mandar por encima de todo. Lo primero que te dicen es: "No quiero que mi hijo llore." Pero bueno, es que hay veces que el niño tiene que llorar, es que el niño todavía no habla, su manera de relacionarse ahora es llorando y es mediante el cuerpo. O sea, el niño, si llora, no pasa nada. Pero ellos insisten: "Es que no queremos que llore." El niño tiene que acostumbrarse a todo.»

Observa también una tendencia, quizás origen de la anterior, a que los padres nos creamos que lo sabemos todo, por el hecho, tal vez, de estar medianamente informados o de tener infinidad de medios de información al alcance de la mano. «Muchos te vienen en el plan de decir "A ver, vosotras, ¿qué es lo que hacéis? Quiero programaciones, quiero tal."» Las programaciones son los contenidos, el temario, para entendernos. «Y luego se las das y te das cuenta de que no tienen ni idea. Me ha pasado con algún padre.» Antes, para atajar esta demanda, Gemma colgaba las programaciones en las clases y los padres ni las miraban. «Los padres lo que quieren es saber cómo está su hijo, que esté bien, que nos vean un poco capaces. Cuando van cogiendo confianza en ti, todo va rodado.»

«Yo tengo que ser lo suficientemente capaz» de tomar decisiones propias en beneficio del niño y el padre tiene que tener confianza en que las decisiones de la educadora son beneficiosas para él. «Pienso que esta es nuestra función y tenemos que reivindicarla.» Recuerda casos de chicas que trabajaban en este negocio que hacían lo que les ordenaban los padres por el mero hecho de que salía de ellos.

«"No, como me dice esto, pues yo callo y ya está." ¡Jolín! Es que tampoco es esto. Tú eres una profesional y tienes que darle tu opinión. Otra cosa es que luego en casa...»

Y pone Gemma como ejemplo la retirada de los pañales. Reúnen a los padres en cuanto ven que el niño está preparado para ir solo al baño, les explican cómo realizan ese periodo que puede ser tan sencillo que apenas te das cuenta o tan complicado y largo que tu lavadora no da abasto, les cuentan las pautas para que hagan más o menos lo mismo en casa. «Ellos te dicen "Sí, muy bien, muy bien". Y luego te enteras de que hacen lo que les da la gana, que ni ponen al niño al orinal ni nada. Bueno, allá ellos, pero yo me he quedado tranquila porque como profesional le he dado mis pautas, le he dicho cómo creo yo que se debe hacer. Si luego él lo hace de otra manera... ¡Caray! Es su padre, ¿no?»

LA NIÑA PRECINTADA

Desde que me relaciono con bebés y niños pequeños, siempre he tenido la sensación de que les ponemos demasiada ropa, los abrigamos demasiado. Lo cierto es que nunca he consultado a ningún pediatra, experto o *personal-shopper* de bebés cuán abrigado debe ir un infante. No sé si deben llevar cuanta lana, plumón de oca o forro polar encontremos una vez que el termómetro baje de 15 °C o dejarlo en manga corta en una excursión a la montaña en pleno enero para que se endurezca. Lo más sensato que he oído al respecto es que han de ir igual de cubiertos que sus padres, si acaso con una fina capa más. Pero ya les digo, no sé dónde lo he escuchado o leído. Puede haber sido en las noticias, en la sección *Sé de buena tinta* de la *Revista Clan*, en *Miguel Strogoff*, a una mujer en el metro o tal vez es la letra de un bolero. Ni idea.

Lo que sí sé es que en Mi Cole tenían una niña cuya madre no lo había leído ni escuchado en ningún sitio. Cuando Cristina me contó esta historia, no me la podía creer. Hablábamos antes de desconfianza de los padres hacia las educadoras, pero este caso sobrepasa el límite. Por eso Cristina empieza a contarla con un «tenemos más paciencia con los padres que con los hijos, eso seguro».

Bueno, es la historia de una mamá que estaba convencida de que su hija, C., pasaba frío en Mi Cole. En Zaragoza, como en Madrid, hace un frío más o menos soportable en invierno, pero Cristina me asegura que su escuela cuenta con calefacción y que cada aula tiene su termostato. No importaba, la pequeña pasaba frío porque su madre así lo decía. «La niña no pasaba frío, ni era friolera. La que era friolera era la madre. Por eso ponía a la niña capas y capas y capas de ropa.» Así, con su calefacción, su termostato y sus capas, que la niña parecía un milhojas, las educadoras de Mi Cole veían como «llegaba un momento en que la niña estaba sudando».

La solución universal a este problema es quitar algo de ropa. «Normalmente, la niña venía con un chándal y, cuando la veíamos que estaba sudando, le quitábamos la chaquetilla del chándal y la dejábamos con la camiseta de manga larga, que debajo llevaba también el body de manga larga.» La astuta madre, por algún misterioso procedimiento, llegó a la conclusión de que las maestras quitaban la chaqueta a su niña en la escuela. Quizás hasta se lo preguntó a la niña y todo. Convencida como estaba de que su hija estaba al borde de la congelación durante su estancia en Mi Cole, decidió tomar medidas para asegurarse de que la chaqueta no se separaba del cuerpo de su hija. Podría haber pensado en un sistema de sensores, dos unidades electrónicas que, si se separan, emiten un pitido o incluso envían un mensaje al móvil, tecnología punta. Pero vamos, que tampoco había que irse tan lejos, así que decidió coser la cremallera. A la altura del cuello. La única forma de sacar la prenda era romper los hilos, igual que la única forma de usar un extintor es rompiendo el precinto, con lo cual la felonía quedaba en el acto descubierta. «Era una manera de asegurarse de que no le quitábamos la chaquetilla a la niña, porque para quitársela, primero la teníamos que descoser.» «Tú veías a la niña sudando...», suspira Cristina. «Y era una niña que tenía dos años y sabía perfectamente cuándo tenía calor. Y muchas veces lo decía: "Es que tengo calor."

»—Ya, cariño, pero es que no te podemos quitar la chaqueta.»

«Tu mamá no nos deja, físicamente», tendrían que haber seguido. «¿Y no hablaron con esa señora?» «Claro, se lo dijimos. "Es que C. nos dice que a veces tiene calor." Y la madre:

»—Es que NO HACE calor —respondía. Así que, de desprecintar a la niña ni hablar.»

Los métodos de esta mamá me llevan a unas cuantas reflexiones. Ella tenía que coser y descoser todos los días la cremallera de la chaqueta de la niña para poder quitársela, ella sí, en casa, supongo, lo cual debía ser un tostón diario, mañana y noche, que bien valía un catarro de la niña. ¿O se la dejaba puesta noche y día? Si era así, ¿durante cuánto tiempo? ¿Con qué intervalo descosía la cremallera para lavar la chaqueta? La niña, ¿qué opinaba? ¿De qué color era la chaqueta?

«Era una madre muy peculiar.» Cristina lo zanja ahí.

Para seguir aquí, con otra de esta mamá peculiar. Puntillosa, podríamos decir, a tenor de que la falta de un artículo determinado podía quebrar la confianza que tenía en Mi Cole, admitiendo que la tuviera. De eso va esta historia, y la anterior también, de confianza.

Conocen seguramente las agendas que las escuelas infantiles proporcionan a los padres para mantener la comunicación con ellos, unos cuadernillos con casillas tan sugerentes como las horas de sueño o las de las deposiciones, incluyendo a veces su calidad. Los padres anotan en ella lo que las educadoras necesitan saber —por ejemplo si el niño ha de tomar una medicación, cuál, a qué hora y la cantidad— y viceversa. En Mi Cole siempre las han usado, pero no como escudo, hasta que esta madre las puso en un pequeño aprieto.

Quizás agobiada por el calor, la niña dejó un día parte del primer plato. Al recogerla, la mamá puntillosa preguntó qué tal había comido. «Bien —le dijeron—, ha dejado un poquito del primer plato.» «Ah, bueno, no pasa nada.» El dato quedó registrado en la agenda más o menos de la siguiente forma: «Dejó primer plato.» Al llegar a casa y leer la agenda, la mamá interpretó lo escrito como que había dejado de comerse el primero entero. «Se ve que le sentó mal», porque al día siguiente se dirigió a Cristina en estos términos:

—¿Por qué me habéis mentido en lo de la comida?

—No te hemos mentido, la niña dejó un poquito.

—No, has puesto en la agenda que se dejó el primer plato.

«Yo me quedé así, un poco parada y le dije:

»—Bueno, voy a leerlo —lo leyó—. No, se te puso "ha dejado primer plato", no que se hubiera dejado EL primer plato.»

Ese artículo determinado ausente era la clave entre la verdad y la mentira. La precisión es para algunos de vital importancia. «Es que hay algunos que son...» Algunos padres queremos que los profes recuerden qué ha comido, si todo o parte, con mayor o menor apetito, cada uno de los dieciocho; cómo ha hecho caquita cada uno de los dieciocho, a qué hora y con qué consistencia; las horas que ha dormido cada uno, por la mañana y por la tarde, boca arriba, boca abajo o de lado... Y, por supuesto, que no haya contradicción entre lo dicho y lo escrito. Cristina y sus compañeras no fallarán más. A raíz de ese episodio, se remiten siempre a lo apuntado en la agenda, no sea que las acusen de engañar. La confianza.

La que tampoco tenía, por cierto, la mamá de S., otro de esos niños que torturan a sus padres en la mesa del comedor para convertirse en angelitos tragones en la de la escuela. S. también fue a dar con una madre desconfiada, pero con soluciones. En vista de que su hijo no le daba buen comer, preguntaba siempre en la escuela, en la que Cristina trabajó antes de montar Mi Cole, qué tal lo hacía allí. Independientemente de cuál fuera la respuesta, cada semana llevaba al niño a pesar. Si la respuesta de la báscula era satisfactoria, bueno; si no, vuelta al interrogatorio:

—¿De verdad no me engañáis cuando me decís que el niño ha comido?

—Sí, claro. Evidentemente, si no lo ha hecho, te lo diremos para que refuerces la cena.

—Vale, vale. Pero, ¿seguro? Que yo creo que...

Seguro, segurísimo. Que se lo han puesto en la agenda.

DE LA QUÍMICA

«Por mis manos habrán pasado más de dos mil niños.» Pero muy pocos como C. Muy, muy pocos. No es que fuera especial, pero para Ana era especial. Hace veinticinco años que lo conoció, acudió a su escuela de Marbella de la mano de su madre. Debió de estar en Party dos años. Y se fue. Ahora tiene veintisiete.

Por esas casualidades de la vida, más de veinte años después esa madre coincidió con el marido de Ana y, a través de él, retomó el contacto con la directora de la guardería a la que acudió su hijo. Y eso que, en los tiempos en los que lo llevaba, no era precisamente cariño lo que profesaba hacia Ana. «Yo lo pasaba muy mal», dice ahora esa señora a Ana. «¡Los celos que yo llegué a tener de ella! Porque mi hijo, C., estaba todo el tiempo "Ana, Ana". Lo pasé fatal.»

Ana se emociona mucho cuando habla de C. «Nosotras, las educadoras, de repente llega alguien, un niño, que, por algo, lo que sea, es tuyo. Es tuyo, es un *feeling* que no es explicable. Ya puedes creer, no creer en la reencarnación, en el más allá, ser religioso, no religioso, pero hay de repente un niño que ese niño es tuyo. C. era mío y yo era suya.» Almas gemelas, química... Ana no sabe explicarlo: «Es una cosa alucinante»; las frases se le cortan: «Es algo que... es tuyo... Es una sensación...» La emoción termina por romper: «¡Oigh! ¡Dios mío!»

«Eso existe, no sé cómo se podría denominar. Hay algo, pero pasa muy poco, no todos los cursos, por supuesto que no. A mí en mi vida me habrá pasado con cuatro niños.» Y no es la única a la que le pasa. «Te lo dicen las [educadoras] que tienen hijos y las que no. Las que no tienen se preguntan: "¿Podré querer tanto a los míos como a este?" Cita a dos de sus educadoras que han pasado por esa situación. «Yo es que no sé si voy a poder vivir sin M.», dice una. «Jo, es que cuando A. se fue...», dice la otra.

No siempre es tan agradable ese amor por un niño que, pese a todo, no es tuyo, no legalmente, no realmente. «Es una sensación horrorosa cuando se van o cuando ves que, a lo mejor, es injusto cómo lo están educando o lo dura que es la madre con él. Es espantoso.»

Hay algo.

LA CONEXIÓN

Ese algo, esa conexión, se puede dar también en sentido inverso. «Sí, esto es lo que pasaba con esta niña.» Una niña que lo primero que hacía cuando llegaba a la escuela con su madre era buscar el coche de Paula. «Y como viese que no estaba mi coche, ya el cabreo, la pataleta. Hasta que yo llegaba.» Si coincidían al llegar la madre y ella, «desde el coche la niña se empezaba a volver loca, a llamarme y a gritar. Y luego se bajaba del coche y se lanzaba al mío. Y en cuanto me bajaba, corría a abrazarme y ya, a la madre, ni caso». «Era una niña que se ponía demasiado contenta cuando llegaba a la guarde y estaba yo.» Y al salir, «llegar la madre y no querer irse para casa. Se agarraba a mí y que no y que no».

El mismo tipo de química, un amor desmedido a la educadora. «Y es que esta era así desde que la metíamos en el andador. Como diese yo un paso, ella venía detrás. Era curiosísimo.» Y el motivo, de nuevo, desconocido. «Es alucinante. Yo no sé por qué, tampoco es que... Jolín, yo la reñía como a todos, que no es que la tuviera más mimada ni nada.» Un tipo de conexión que deja a los padres tranquilos, «mi hija está feliz en la guarde», pero devastados, frustrados, celosos. Dicen, decimos: «Bueno... Adiós, ¿eh?», y nos vamos.

LA DESCONEXIÓN

Dicen que del amor al odio hay solo un paso. Puede que menos. Un paso pequeñito, como de niño. Quizás un gateo. En los inicios de sus dieciocho años de experiencia, Delfina tuvo que lidiar con un caso contrario a esos que hemos relatado de amor filial entre alumno y educadora. «Un niño que además no estaba ni en mi clase, me acuerdo hasta del nombre, E. No sé qué problema tenía con sus padres, porque creo que lo tenía con sus padres, que les dijo que no quería ir a la guardería ni estar conmigo para nada, que soñaba conmigo, bueno, que tenía pesadillas, eso decían los padres.» «Lo pasé mal» porque los papás, si bien no llegaron a acusar de nada a Delfina, sí que tuvieron momentos de duda sobre su trabajo.

El caso llegó a la dirección de la escuela; la directora habló con Delfina. «Pero si es que el niño no había estado ni cinco minutos conmigo. Porque en aquella época, yo no estaba ni en el comedor; había niños con los que apenas trataba.» Finalmente, se dio por hecho que se trataba de una fantasía, habitual en un niño de cinco años. «De hecho, así se lo explicamos a los padres. Comprendieron que son cosas que los mismos niños se crean. Igual al niño no le gustaba yo por lo que fuera, por el aspecto o lo que sea.» Y lo mantuvieron en el centro y se le pasó al cabo de algún tiempo.

«Pero fueron momentos duros para mí, porque ¿cómo demuestras a los padres que no, que...?» Y los padres tendemos a colocar la mosca detrás de la oreja a la mínima. «Es que yo no lo trataba. Es que no estaba en mi clase, solo lo veía por la guardería. Me preguntaba: "¿Qué tendrá el niño conmigo?" Porque si has tenido algo con él, aunque sea solo haberle dicho "No, eso no se hace", puedes entender que el niño te coja un poco de... Que diga: "Pues no me gusta." Pero es que yo no había tenido prácticamente contacto con el niño, en este caso era inexplicable. Por eso lo pasé mal y porque me pilló al principio y yo tampoco tenía la experiencia como para coger a los padres y explicárselo.»

TARJETAS DE ESAS

«Esto es lo que más se parece a mi casa», dijo un día una mamá que visitaba la escuela de Miriam. No lo decía por decir. Once hijos había traído al mundo y los once pasaron por Fantasy. O sea, que la guardería era lo más parecido a su casa en un doble sentido. Por un lado, porque un hogar con once niños tiene que tener ciertamente un gran parecido con una escuela infantil. Por otro, sus once chavales habían pasado seguramente casi tantas horas en el centro como en su propia casa.

Evidentemente, el cabeza de familia —disculpen este término antediluviano— era algo más que conocido en Fantasy. Era «accionista mayoritario». Como se puede imaginar, llegó a tener simultáneamente a un hijo en cada uno de los tres niveles, cero-uno, uno-dos y dos-tres. Seguramente, durante varios años seguidos. «Tenemos muchísima confianza con él. Llevamos con él la tira de tiempo, imagínate.» Casi se puede decir que sola esta familia mantenía abierto el centro de Miriam, ella sola creaba empleo en el sector de la educación infantil. «Nosotras nos reímos mucho porque decimos que nos da mucho trabajo, entonces nos tenemos que portar muy bien con él porque nos está dando trabajo constantemente.» Y muy bien se portaron con él.

Miriam niega que se trate de una familia especialmente pudiente, «no es que tengan hijos porque él pueda permitírselo, ni mucho menos. Es una familia normal, de clase media». El que trabajaba fuera de casa era él, aunque reconocía que era ella, en casa, «la que trabajaba». El caso es que un único sueldo, por tanto, entraba en la casa. Y a veces, esta familia ha necesitado ayuda, también de Fantasy.

—Oye, Miriam, que no puedo comprar los libros.

—No te preocupes, que yo te los fotocopio.

—Oye, Miriam, que no puedo comprar el uniforme.

—No te preocupes, voy a ver si te puedo conseguir uno de los que las familias entregan cuando les quedan pequeños a sus hijos.

Llegó un día en que uno de esos favores tuvo algo de cuestión de supervivencia. Por entonces, el prolífico papá trabajaba como comercial para una entidad financiera. Su cometido era captar clientes que contratasen una tarjeta de crédito de esas que dan al titular infinitas ventajas, tantas que uno no se explica qué gana la entidad ofertándolas. [Salvo cuando uno lee la letra pequeña. Perdón por el rodeo, sigo]. Con el tema de los libros y los uniformes encarrilado, se presentó una mañana un tanto desesperado y pidió hablar con Miriam. Su semblante hizo pensar a la educadora que se trataba de algún problema. «Yo, preocupada, pensaba que me iba a decir algo de tema económico, que no podía pagar o lo que sea, o algo de los niños, que les había pasado algo.» Ni sí ni no.

—¿Qué pasa, papá-de-once? Ven, no te preocupes, vamos al despacho y me cuentas.

No debió ser fácil arrancar.

—Verás, tengo que hacer once tarjetas de esas de tantas

ventajas o me voy a la calle. Y no me puedo ir a la calle porque fíjate cómo están las cosas.

—Bueno. Y ¿en qué puedo ayudarte?

—Mira, yo he pensado que vosotras aquí sois seis trabajando, más vuestros maridos, porque todas estais casadas, ya sois doce. Os tenéis que hacer la tarjeta. Por favor.

«Él nos vino superapurado. Y eso que ya nos conoce, fíjate si nos conoce que sabe que todas estamos casadas, que tenemos parejas, es que habrá vivido las bodas de casi todas.» Pues todas ellas, más sus maridos, terminaron haciéndose tarjetas de esas de tantas ventajas, doce en total, salvando el puesto del fecundo papá. «Terminamos haciéndonos la tarjeta todas, con nuestros maridos, también. Él nos decía: "Mira, si no la queréis dar de alta, no la deis, pero por favor, hacédmela."» Solo el hecho de colocarlas le servía ya para cubrir el objetivo del mes.

«No pasa nada, papá-de-once. Déjanos los papeles. ¿Qué te hace falta? ¿Una fotocopia del DNI de cada una? Venga, DNI, que yo hago las fotocopias. En una mañana le sacamos las fotocopias de todas y todos, le sacamos también el número de cuenta corriente y esa misma mañana le arreglamos todas las tarjetas. Al hombre le faltaba darnos un abrazo y dos besos y...»

Según Miriam, así son las relaciones que tienen con las familias. «Más con él, es que son once hijos. Siempre que hemos podido les hemos ayudado.» *Quid pro quo*, que decía Hannibal Lecter. Él les daba trabajo, mucho trabajo, en forma de niños. Y ellas ayudaron una vez a salvar su puesto de trabajo contratando unas tarjetas de esas con tantas ventajas que uno no sabe qué gana...

Así son las relaciones que tienen con las familias. Con todas, por lo que se verá a continuación.

Una comunión, un día libre, ese era el objetivo. La mamá de una de las alumnas necesitaba un día libre para poder asistir a la comunión de su sobrino. Pero su jefe en la tienda de una cadena de moda le puso como condición para concederle la libranza que colocase varias de esas tarjetas que, esta vez, no tienen tantas ventajas sino que se limitan a posibilitar algún descuento, ofertas, pagos aplazados o arreglos gratis de vez en cuando. «¡Qué cab..., mi jefe!»

No explica Miriam si esta mujer conocía el caso anterior, pero allí que se presentó con los trípticos para la contratación de las tarjetas ya en la mano para rellenar. Y allí que consiguió que las seis educadoras de Fantasy se hicieran fieles clientas de la cadena de moda a cambio de algún descuento, ofertas, pagos aplazados o arreglos gratis de vez en cuando. «Igualmente, pues todas terminamos haciendo las tarjetas para que ella se pudiese tomar el día libre e ir a la comunión de su sobrino», que ese y no otro era el objetivo.

Dice Miriam que así son las relaciones que tienen con las familias. Y va a ser verdad, porque el trato de confianza y de amistad que algunos han conseguido con Fantasy, además de dejar a las profes sin sitio en los tarjeteros o de provocar que el sector de los papás pida recurrentemente la adopción del biquini como uniforme de verano, ese trato de amistad y confianza, decimos, ha llegado a ser envidiado por otros. Recuerda Miriam que al principio, cuando empezó a trabajar, una mamá le pidió una tutoría. «Era una mamá más y su niña estaba bien dentro del aula, no había ningún problema. Así que pensé que me iba a hablar de la retirada del pañal o de la introducción de nuevos alimentos, o simplemente a preguntarme cómo iba la niña en clase, si se relacionaba con otros niños... No sé, lo típico que te esperas, cosas que pueden preocupar a las familias.» No, no. «En la tutoría me echó en cara que hablaba más y me llevaba mejor con otras mamás de otros niños, como que a ella le dolía que yo me llevase bien con otras madres. Luego ya no me preguntó por nada más, no me preguntó por su niña ni nada. Ella, su preocupación era que yo no hablase más con ella.»

Podría quedarse la cosa en una punzada de una mamá celosilla, pero Miriam extrae otra lectura. «A lo mejor tenía razón y yo tenía que tener más cuidado de que no se me notara una mayor afinidad con otras mamás. Igual que en nuestra profesión nos han enseñado que no puedes tener un preferido dentro de un aula, que todos los niños tienen su gracia, su encanto, y nos enseñan un poco a saber ver ese encanto: el que no es simpático es guapísimo y el que no, listísimo y el que no, come divinamente. Y el que mayor tormento te da, a lo mejor es el que más vas a echar de menos al final, cuando se vaya. A lo mejor también hay que buscar el puntito especial a las mamis», concluye. O tener en cuenta que, quizás, el hecho de sentirse ellas en peores relaciones que otros con la educadora les lleva a pensar que su hijo también lo está.

Dice Miriam que así son las relaciones que tienen con las familias. Lo que pasa es que, cuando las relaciones alcanzan el punto ese de confianza del que hemos hablado, a lo mejor surge entre las madres la idea de celebrar una cena mamás-educadoras, y a lo mejor lo llegan a proponer.

A lo mejor se pone un cartel en la entrada y se va apuntando la que quiera y a lo mejor las *seños* aceptan y se van a cenar y resulta que no terminan de desembarazarse del papel de profes y no dejan del todo de pensar que trabajan para las mamis con las que están cenando. Y a lo mejor las mamis no se sienten tan encorsetadas y la cosa se va poniendo «cada vez más coloquial». Y una madre, a lo mejor, pide a Miriam que le haga una foto con el móvil, solo a lo mejor, y se atusa, «saca escote, se levanta un poco la falda»; de modo que, a lo mejor, Miriam le comenta lo *sexy* que se está poniendo para la foto. Y esa mamá, que esa misma tarde a lo mejor estaba recogiendo a su niño en la guarde, a lo mejor le suelta a Miriam que «es para el WhatsApp, para mandársela a mi marido para que se ponga todo cachondo», pero solo a lo mejor. Y a lo mejor, esa mamá, al día siguiente, tendrá que ir a por su hijo y volver a ponerse en el papel de «mamá delante de la profe de su hijo», eso por no hablar de que a lo mejor es el padre el que va, desconocedor de que la educadora ha tirado esa foto que él lleva ahora en el móvil. Y, para rematar, resulta que, a lo mejor, Miriam se sienta justo al lado de la mamá celosa que quería más atención por su parte. Pero solo a lo mejor.

Dice Miriam que así son las relaciones que tienen con las familias.

ELLA Y ÉL. CADA UNO POR SU LADO

«Esto es como una serie de televisión.» Así describe María Bernabé las entradas y salidas de los niños de su escuela en Plasencia. Y no por las aventuras de los niños, sino por los capítulos de sus vidas que le cuentan los padres. Cuando se establece cierto nivel de confianza, «llega un punto que te cuentan todo». Y todo es todo. Discusiones, experiencias, planes, confidencias, problemas, infidelidades, recetas de cocina, vacaciones, dramas familiares, operaciones de estética... Hasta «que tuvo que echar la policía al padre de casa». «Debo tener cara de psicóloga», dice María divertida. La cara debe ir con el puesto, chica. Casi todas las educadoras entrevistadas coinciden en que hacen de psicólogas, terapeutas, pediatras, consejeras... Recuerda María el caso de la madre de una niña que estaba todo el día en la escuela, once horas, y al llegar el fin de semana, la mamá le preguntaba todo, desde cómo dormirla a qué darle de merendar. Y además, todo exprés, en cinco minutos a la entrada o la salida. Doy fe: cuando era primerizo, las educadoras de la escuela eran guía, Biblia, oráculo de Delfos. Mi salud mental les debe mucho.

A veces no les tienen que contar el episodio, sino que lo viven ellas mismas. María fue testigo de un momento difícil hace no mucho, cuando el padre de uno de sus alumnos, separado de su mujer, se presentó a la puerta del centro para, siquiera unos segundos, poder ver a su pequeño. La mamá estaba poniendo trabas para que lo viese. «Se acercó el padre a la puerta para ver al niño entrar. Llevaba ya un mes sin verle porque habían sido las vacaciones de la madre. Entonces, se acercó a la puerta para ver al niño, solamente a verlo entrar. Iba la madre con el carrito y se negó: que no, que no, que no.» Y se lio. «Armaron aquí una...» El padre comenzó a insultar a la madre, la madre al padre —«de todo, aquí en la puerta»—, hasta que «se fueron los dos a comisaría a denunciarse y todo. Y allí, delante del niño, porque les da igual, ellos usan al niño para agraviarse entre ellos, eso lo tengo yo visto». Por suerte no llegaron a las manos.

Pasado este espectáculo, María tuvo que soportar numerosas llamadas de uno y de otro «poniéndose verde, el padre a la madre, la madre al padre, de todo». Y para rematar, el sabotaje recíproco. «No se dicen las cosas. Por ejemplo, si está el niño constipado. Pues no sabe uno si el otro le está dando un medicamento o si lo ha llevado al médico, así que le llevan dos veces, o le dan dos cosas diferentes...» O los celos: «Si le digo a la madre lo contento que se ha ido el niño con su padre...: "Joder, no sé qué." Encima se cabrea de que se vaya contento con el padre, si es lo mejor para el niño...» «Yo escucho al uno y al otro y digo "¡Madre mía...!" Se lo he dicho a los abuelos: "Pobrecito, la que va a pasar."»

María ha tenido que lidiar también con una pareja con una relación cuando menos peculiar. El padre no quiso en su día reconocer al niño ni quiere hacerlo legalmente ahora porque le correspondería pagar una pensión alimenticia. Sin embargo, ahora sí quiere verlo de vez en cuando. Por eso, la madre se dirigió a María: «Me dijo: "Si viene el padre, que no se lo lleve porque no lo tiene reconocido. Lo que pasa es que él ahora lo quiere ver algunos días." Entonces, la madre se lo lleva el sábado y le ve. Yo no lo entiendo: no le ha querido dar los apellidos ni fue a verle al hospital ni nada, pero ahora algún día quiere verlo algún rato.» Y remata: «Y la madre es tan tonta que hasta le ha puesto el nombre del padre.» Pues eso.

La palma, no obstante, se la lleva esta pareja que llevaba a su hijo a Lala Lunera. Se ve que, en este par, ninguno de los dos se llevaba demasiado bien con los padres del otro. Así que llevar al niño a ver a cualquiera de sus abuelos generaba algunos problemas. Para solucionarlo, la mamá lio a María de mala manera. Los sábados por la mañana salía de casa, en teoría, para llevar al niño a la guarde. Lo que pasa es que los sábados Lala Lunera no estaba abierta. Ella se había inventado la jornada sabatina para poder llevar a su hijo a casa de sus padres sin que su marido lo supiera. Y convenció a María para que mantuviese el cuento. No es que abriera realmente los sábados, no, pero se prestó a, en caso de ser preguntada por el marido, mantener la ficción. «No veas tú qué lío, claro. Yo, con un cuidado tremendo los sábados para no encontrarme al marido. Plasencia tiene cuarenta y tantos mil habitantes, pero puede dar la casualidad de que te lo encuentras en cualquier sitio.»

Sé que la cosa no tiene ningún sentido, pero así es. Y sigue. «Alguna vez me ha llamado para decirme: "Oye, que te has puesto mala, ¿eh? Que te has puesto mala porque este fin de semana tenemos no sé qué y nos tenemos que llevar al niño." Y, sobre todo, los viernes me recordaba siempre que, si venía el padre a recogerlo, no le dijese nunca "Hasta el lunes", sino "Hasta mañana".»

Abundemos un poco más en el absurdo. ¿Tan mal se llevaba el marido con sus suegros que no solo no quería ir de visita con el pequeño sino que no quería que el niño fuese con su madre? Es que ni siquiera era eso. La razón por la que la madre se inventó todo el follón era que ELLA no quería llevar al crío a casa de los padres de él. Si lo llevaba a casa de los suyos [de ella], él reclamaría llevarlo también a ver a los otros [los de él]. Y eso es precisamente lo que la madre no quería. Por eso, visitaba a sus padres los sábados a escondidas. Espero haberlo explicado. «Así estuve como dos años.» ¡Dos años! ¿Y el padre nunca te pilló, María? «Nunca, nunca. Vamos, de hecho me van a traer al segundo hijo y todo.» María, hazte un favor y házselo a ellos también: cierra los sábados pase lo que pase.

Nuria Ovejero también sabe lo que es quedar en medio de una pareja en trámites de separación. El que viene a continuación es un intercambio literal que tuvo con un padre en este trance y puede servir de ejemplo del tipo de conversaciones que una educadora puede llegar a escuchar en esos cinco minutos de terapia que le dedican a los papás en la entrada o salida. No quito ni pongo nada:

—Nuria, tengo que hablar contigo —le dijo un padre.

—Te has separado.

—¿Cómo lo sabes?

—Le has cortado el grifo, ya no le das pasta y te has separado. Ha dicho que aquí te quedas.

—¡Joder, qué zorra eres!

—Es que se la veía venir.

Al juicio por separación de este señor, y a tres más, tuvo que ir a declarar Nuria. Casualmente, dice, siempre ha sido citada por la parte del padre. «No sé por qué todos los abogados de los papás, cuando se van a separar, me llaman como perito.» En caso de separación, las custodias, en España, se otorgan en una inmensa mayoría a las madres. Entonces, «como yo me sé los horarios de los padres y hablo con ellos», se ha encargado de desmontar las alegaciones maternas de que los padres no quieren o no tienen tiempo de ir a buscar a los niños a la guardería.

Un caso en concreto. «El padre tenía todo el día libre.

Desde las once de la mañana, todo el día libre. Pues ella se emperraba en que [el padre no la recogiera y] la niña pasara hasta las ocho de la tarde en la guarde.» Cierto es que había problemas con el dinero de la pensión y que el juez había dictado provisionalmente que el padre podía estar con la niña los miércoles y fines de semana alternos, pero «podía sacar a la niña [de la escuela] todos los días, darse una vuelta con ella, llevarla a los columpios y luego, a las ocho, llevarla a casa o donde la madre dijese. No tenía ni que verlo. Y podía evitar que la niña madrugase por la mañana, podía dormir en casa del padre» cuando fuese necesario, en fin. «Pues no, ella, por sus cojones.» Hasta que vio a Nuria aparecer por el juicio.

«Yo se lo había advertido la noche anterior: "Voy a testificar." Y cuando aparecí por la mañana en el juzgado, llegaron a un acuerdo. Porque ella alegaba que él no se hacía cargo de la niña y le pedía de todo, pero como vio que yo iba a largar... Hablaron los abogados. La fiscal flipaba.»

RETIRADA DE TUTELA

«Con las retiradas de tutela lo pasas realmente mal.» Pizarro tuvo que hacer frente a una especialmente traumática. «Llega una carta de la Comunidad y dan a la madre un periodo de tiempo en el que tienen que entregar al niño o la policía o la Guardia Civil se lo quita. Entonces, la madre se encierra en la escuela.» Era una familia que tenía una grave situación: no podían atender al niño porque los dos padres estaban en paro y «su situación personal y emocional no era la más adecuada para criar a un niño». Tras «haber hecho una serie de periodos por los servicios sociales que no habían funcionado, la Comunidad decide quitarles la tutela del hijo». La madre no encuentra otra solución que encerrarse en la guardería con el niño y dice que no va a entregarlo. «Tú tienes sentimientos contradictorios.» Por un lado, Javier comprendía la desesperación de la madre, pero también que el pequeño iba a estar mejor en manos de los servicios sociales.

Se presenta la policía «con las fuerzas que quieran venir. La situación la maneja la policía». Bueno, no siempre. No en este caso. «Una compañera, la directora, la convenció de que tenía que llevar al niño a un centro porque iba a estar mejor mientras ellos solucionaran su situación personal, encontraran trabajo. La convenció de que era mejor que lo llevaran los servicios sociales, de que no lo iba a abandonar.» Ya convencida, antes de que entrase la policía, la directora «cogió un coche, fueron al centro de acogida donde iban a ingresar al niño y ya se volvieron». «Pero fue muy duro. Para la madre y para el niño, sobre todo para el niño es más desagradable.»

Y no cree Javier que esa mamá recuperase a su hijo, aunque no lo sabe con certeza. «Porque es muy difícil, cuando se pierde la tutela de un menor es muy difícil luego [recuperarla], porque tienen que darse muchas circunstancias. Los servicios sociales son buenos, pero no se presta todo el apoyo que estas familias necesitan en esta primera fase. En este caso se buscó un trabajo a la familia, pero si no, es un pescado que se muerde la cola: te quedas sin trabajo, tus problemas van a peor, tus problemas mentales y sociales van aumentando si no hay un trabajo...»

Y luego hay casos de retiradas de tutela auténticamente rocambolescos. «Extrañaba» a Delfina que una madre, una chica rusa, llevase bastante tiempo sin aparecer por la escuela. «Su hija ya iba al colegio, a un colegio inglés, pero venía una vez a la semana a la guardería, donde ya había estado de pequeñita, para no perder el español.» Sí, es un lío de nacionalidades, pero en Tenerife, ya se sabe. Fue la propia madre la que explicó a Delfina, que a veces hacía de canguro de la niña, la razón de todo. «Nada, que ella había estado hospitalizada, sufrió un accidente y acabó en el hospital. Y como no fue a buscar a la niña, el colegio la entregó a los servicios sociales.»

Se preguntarán ustedes si antes de tomar esa decisión no harían en el colegio algunas llamadas. Pues sí, pero se ve que en este caso se dieron juntas una serie de circunstancias que ni el mejor de los guionistas de culebrón es capaz de inventar. En el accidente, la mamá perdió el teléfono o quedó destruido —Delfina no lo sabe bien— y, como estaba inconsciente, ni el colegio pudo localizarla ni ella ponerse en contacto con el colegio. Madre e hija no se tenían más que la una a la otra. No tenían más familia, no allí en Tenerife, no en España. No hay marido, no hay tíos, no hay familia cercana. Tal vez amigos, pero los sanitarios no tenían teléfonos a los que llamar porque la madre había perdido el suyo en el accidente. Total, que ante la imposibilidad de contactar con nadie que diera razón del paradero de la mamá, el colegio decidió dejar el caso en manos de los servicios sociales. Quizás ellos, cruzando datos o como fuese, podrían tener más éxito. «Si nos hubiesen llamado a nosotros, hubiéramos podido hacernos cargo de la niña» o lo que sea, dice Delfina, pero el colegio no tenía por qué tener noticia de que la niña asistía a una guardería una vez por semana para no perder el español y que una de las maestras de esa guardería estaba dispuesta a llevarla a su propia casa. «Y como los ingleses son así... Porque a mí no se me habría ocurrido. Antes llamo a la policía, a los hospitales... Para saber si ha pasado algo, pero a los servicios sociales...» Pero el caso es que se llevaron a la niña a Santa Cruz, la capital.

Cuando la madre recuperó la consciencia, quiso recuperar también a su hija, pero hete aquí que los servicios sociales no se lo pusieron fácil, dado que sospecharon de un posible abandono. «No le dejaban ver a la niña, fue bastante traumático para ella.» Demostrar que no había habido abandono no fue fácil, tampoco había nadie del entorno familiar que pudiese certificarlo. «Tuvo que venir un cuñado de Rusia para testificar que no la había abandonado. Papeles y papeles.» Debieron ser, desde luego, unos días infernales.

OLVIDOS

Un padre primerizo aturullado es capaz de atar la mochila a la silla del coche y poner al niño en el maletero, igual que es capaz de triturar un chorizo en aceite en un puré de verdura. María Bernabé, aunque podía haber sido otra cualquiera, me habla de padres que llevan al niño a la escuela con las zapatillas de andar por casa, que llevan la bolsa de la comida del niño pero no hay nada dentro, que llevan los biberones pero no la leche en polvo, que se olvidan de llevar los chupetes, que dejan al niño y se llevan colgada la mochila donde llevan la comida o los pañales... Menos mal que en casi todas hay chupetes, pañales, comida y ropa de emergencia, que si no...

O se olvidan los uniformes. Para atajarlo en Querubines, Nuria tomó la determinación de no avisar cuando iban a salir de excursión, algo que, como veremos, hacen muy a menudo. En las excursiones, es muy importante que vayan con el uniforme, porque así se les localiza rápidamente. Como los papás de los alumnos de Nuria solo se acordaban del uniforme cuando los niños iban a salir de excursión, tomó la medida de no avisar de cuándo tenían previsto salir. Y si no lo traían, los niños se quedaban castigados. Y como se quedaban castigados, los padres se molestaban. «Si yo siento castigar a tu hijo, si tu hijo se da cuenta. Hay niños que se enfadan porque sus padres no les han puesto el uniforme. Y van y se lo dicen: "Papá, ponme el uniforme que si no, no voy de excursión."» Así, la tasa de olvidos cayó en picado.

El peor olvido en este asunto, que no suele producirse, está de más decirlo, es el del niño. En el caso de Delfina, no uno, sino dos. Dos hermanos que tuvieron que quedarse hasta las diez de la noche, y Delfina con ellos, porque a la señora encargada de cuidarlos se le olvidó. «Solemos llamar cuando se retrasan un poco, pero es que eran las diez de la noche y no había aparecido. Llamé a la madre y la madre había desaparecido. Llamamos al padre y el padre, que era camarero, no podía salir del trabajo.» «Solo podíamos esperar, no podíamos hacer otra cosa.» A las diez apareció la mamá. Luego los padres nos quejamos cuando echan los brazos a sus educadoras.

Y es que los niños no perdonan. Nuria escuchó un día

a A., una de sus alumnas, gritando por el pasillo, muy afectada: «¡Mi madre es tontaaaaa!» Cuenta Nuria que en su escuela tiene por costumbre empezar pronto a sentar a los niños en el orinal. «Desde que se pueden sentar, desde los ocho meses o así, yo los siento en el orinal. Sí o sí. Si lloran, les digo "Lo siento, pero es que no te voy a pedir tu opinión, hijo, es que tienes que hacer pis en el orinal.» Entonces, cuando saben ya hacer pis, tienen que bajarse la ropa.»

«¡Mi madre es tontaaaaa!» M. seguía gritando en el pasillo. Nuria se acercó. «Pero hija, ¿qué te ha pasado?» Al verla mojada —«¡Ayyy! Que te has hecho pis»— pensó que la niña, como otros muchos, de camino al baño se había entretenido en el pasillo, que ellos lo llaman de sensaciones, «que tenemos colgadas cuerdas, cadenas y otras cosas» para que experimenten y que, distraída con los colgantes, había olvidado que su objetivo era el váter.

«¡Mi madre es tontaaaaa!», seguía repitiendo M. No se había olvidado de su camino, lo que pasa es que la madre le había puesto botón. ¿Botón? «Sí, un pantalón con botón y cinturón. Y claro, su madre era tonta.» «La recuerdo, estaba superenfadada, "¡Mi madre es tontaaaaa! Es que mi madre es tonta". Porque no se había podido bajar el pantalón.»

Cuando llegó la madre, Nuria le contó lo ocurrido.

—A. se ha hecho pis.

—¡Ayyyy, lo siento! Cuánto lo siento, que has tenido que cambiarla.

—No, no, si se ha cambiado ella sola. Pero vas y le pides perdón a tu hija, que te ha puesto...

Otros descuidos se deben más a la incompetencia o a

la desidia que a meros olvidos. Igual que Paula ha recibido a unos niños a los que los papás cambiaron de centro porque no les cambiaban los pañales, Nuria ha marcado algunas veces las gasas para comprobar, tristemente, que los padres han tenido a los niños con el pañal mojado desde la tarde hasta la mañana del día siguiente. «Les puedo cambiar yo a las cuatro de la tarde y a las nueve de la mañana me vienen con el mismo.»

También dice haber marcado niños, para ver si los duchaban. «Los marcaba con Apiretal detrás de la rodilla. Hasta una semana y media se han podido tirar.» Así que alguna vez ha bañado a niños y puesto la excusa de que se habían echado algo por encima para no pasar por el trago de decirles a unos padres que, por favor, pusieran a su hijo en remojo. «Pero de semana, semana y media de no bañar a un bebé. Que cuesta dos segundos.» O lavar ropa por lo mismo y con la misma excusa. «A mí me daba más vergüenza decirle a un padre o una madre lo guarros que eran.»

Y las uñas. «Veo una vez que una niña cojeaba y cojeaba. Y me pregunté "¿Y esta?".» Fue a averiguar y descubrió que «las uñas le daban la vuelta a los dedos de los pies, hincadas aquí». Y señala la parte de abajo de los dedos. Reproduzco la conversación que tuve con ella:

—Pero, ¿cómo puede ser eso?

—Pues no cortándoselas.

—Pero, ¿quién llega a ese extremo?

—¡Uuuuhhh!

—No me lo puedo creer.

—Guarradas, las que quieras. —Entendido.

Para terminar, un ejemplo de Delfina. «Hay muchos padres que dicen que se preocupan mucho, pero no es tan cierto como dicen. Y me cuenta Delfina: «Me traen a un niño a la una de la tarde.

»—¿Ya comió? —pregunta.

»—No, no ha comido.

»—¿Le damos algo de comer?

»—Si quieres...»

INTERPRETAR LAS SEÑALES

Los padres, a veces, sacamos conclusiones descabelladas de lo que, ocasionalmente, nos cuentan los niños en su lenguaje, cuando pueden ya hablar, o cuando observamos sus conductas o, directamente, sus cuerpos.

«Me viene un día una madre y me dice...» Bueno, eso con toda la pompa. Pide hablar con Nuria, se sienta con ella, comienza a explicar:

—Mira, ayer, mi marido y yo, al cambiarla, vimos que tenía el culete arañado.

—Ahá.

—Hemos pensado que, claro, al cambiarla, la niña se movió, se tiró del cambiador y para que no se cayera, Nuria la agarró y le hincó las uñas y le arañó el culo. —Lo dijo «como diciendo "Me parece bien, que yo entiendo que se va a caer la niña y oye, que la tienes que agarrar"».

Nuria la mira con expresión relajada, casi cansada. La ve, dice, todos los días en el supermercado. Hay cierta confianza. Espera que termine. Su respuesta es... Pues como es ella:

—¡Anda! ¿Y eso te lo has pensado todo tú? ¿O tu marido? Anoche en el sofá, ¿no? ¿Llamasteis a Spielberg?

—¿Y eso?

—Porque es un guion muy bueno para una película.

—¿?

—Mira, a tu hija le pica el culo, como a todo el mundo. Y se rasca. —Y señala. Aquí, justo donde se junta el pañal con el muslete, un poquito por debajo del culo.

—¡Ah! ¿Tú crees que es eso?

El papá de uno de los alumnos de Paula en Fábula observó unas marcas alrededor de la boca del niño y llegó a la conclusión de que le habían mordido. Ya pudo Paula explicarle que los tres puntitos rojos «eran unos granines que salen por las babas, cuando llevan el chupete». Él insistía y Paula que no, «que no le había mordido ningún niño, que era del chupete». Pues todavía al día siguiente apareció diciendo «Es que lo he estado hablando con mi suegra y, por la situación en la que están los tres puntitos, yo creo que coinciden con unos dientes». «Yo creo que es el día de hoy y todavía sigue pensando...» Pero Paula fue inflexible y se negó a hacer pruebas forenses de las dentaduras de los pequeños. Vaya, para una vez que se ponen de acuerdo suegra y yerno...

IMPERTINENCIAS. INCLEMENCIAS

Los papás, además de amantísimos progenitores, somos a veces de un impertinente que asusta. Recuerdo que, cuando iba al colegio o al instituto, mi mayor temor era que avisaran a mis padres para darles cuenta de alguna de las barrabasadas que hacía. De ahí esa costumbre de falsificar la firma de mi padre en algunas notas que me pusieron en la agendita que, como en las guarderías, tenía en el instituto. «Lo siento, papá.» Los padres se ponían siempre de parte del profesor y uno ya podía echarse a temblar si se quejaban de uno. En algún momento de los años transcurridos desde entonces, eso ha cambiado un tanto y los padres/madres tenemos la tendencia ahora de ponernos de parte del niño y desconfiar del profesor. Puede que tenga que ver con lo que hablábamos al principio, eso de sobreproteger a los niños, de los críos consentidos.

He encontrado algunas muestras. Por ejemplo, Nuria sufrió una agresión de una madre impaciente. Estaba hablando con unas mamás a la salida de la escuela y tenía a los niños en rampa de salida, sentaditos en una sala a la espera de su turno para marcharse a casa. Pues apareció la mamá a buscar a su hija. De malos modos, «su afán era que sacase a la niña».

—Espera, que estoy hablando con esta mamá. Yo la llamo. —La cosa se iba calentando—. No entres a buscarla porque no.

—¡Me la llevo! ¡Pero es que la saco de aquí! —Con lo de sacar ya quería decir buscar otra escuela.

—Pues que la saques de aquí, que te vayas —cedió Nuria. Y fue a por la niña.

—¡Que me des todas sus cosas!

—Espera un momento, que tienes que firmar la baja voluntaria. —Le dio los papeles.

—¡Esto te lo metes por...!

«Me empezó a dar con los papeles, toda la cara arañada, me metió la punta de un papel en el ojo. Y había dos madres a la entrada. Mira, así (con la boca abierta). Y ya me levantó la mano. Dije "No, ahí ya..." La paré y le dije

"Cuando terminen estas mamás hablo contigo. Y no me pegues".»

—¡No te estoy pegando!

—¡Hombre! Que bajo ahora mismo a la comisaría, te denuncio y se te cae el pelo. Que nosotros también podemos denunciar, no solo vosotros.

«Y las madres estaban de testigos, ¿eh?»

Como se ve, Nuria ha tenido que lidiar con algún maleducado. Sin llegar a las manos, ni mucho menos, uno en particular aparece varias veces en sus historias. La primera vez que tuvo Nuria noticia de sus maneras fue tras una excursión a una emisora de radio en Soria, donde entrevistaron a los niños —otras veces han ido a grabar anuncios de la propia guardería—. A la vuelta, el «caballero» preguntó quién había sido el «chuloputas» que había hablado tanto, eclipsando a los demás.

—¿Qué me estás diciendo?

—Sí, que había un niño que, igual que un chuloputas, hablaba y hablaba. ¿Quién es, quién es?

Nuria no tuvo paciencia. «Mira, ese chuloputas es un niño de dos años y habla. Y si el tuyo no habla es tu problema. ¿Qué te crees, que puedes llamar chuloputas a un niño de dos años porque el tuyo no ha querido hablar? No te voy a decir quién es, y si quieres que te lo diga tu hijo, que espabile un poco más.» Primer asalto.

Este era un padre al que no acababan de gustar las prácticas de peluquería que hacía Nuria con las niñas. «Yo peino mucho a las niñas, en cuanto entran les hago kikis, las pongo como a las negritas, todo lleno de kikis.» Así que vino un día este papá.

—Ayer le hiciste un peinado muy chulo.

—¿A que te gustó? Claro, yo me pongo allí con todas, hacemos trencitas y...

—Pues la próxima vez te pones tú los kikis en el chocho.

«Así, de primeras, me quedé... ¿Qué le contesto yo a este?» Mejor nada. «Eso sí, tuve a la niña un mes sin peinar.» Segundo asalto. Combate nulo.

Con el tiempo, trasladó la queja a la madre. «Si tu marido sigue con esta actitud, entre chochos y putas, vamos a tener un problema.» No puede evitar reírse ahora de ello, más teniendo en cuenta que el señor no tuvo en cuenta estos episodios y tuvo una tercera niña que poner en manos de Nuria y sus compañeras.

Recién aterrizada en Cucutras, con sus estudios relucientes debajo del brazo, a Marta le tocó el trago de lidiar con la madre de H. Antes de que empiece su relato, Blanca pone los antecedentes: «De entrada, esa señora fue la que... Estaba yo de vacaciones y me escriben que se ha abierto un foro [en internet] y me están poniendo verde. En el foro estaban la mamá de I., que se fue porque la invité a irse, y la de H.», que ya en una ocasión se había quejado porque decía que su niño se había caído del cambiador. «Que era mentira.»

Ahora ya sigue Marta. «Yo llegué de nuevas, no tenía experiencia para nada. Llegué y aquí mi jefa estupenda me dijo "vamos a hacer una reunión con una mamá para que la conozcas y me quedo yo contigo".» En la reunión, la madre se quejó de que en Cucutras hacía calor. «Es verdad que no teníamos aire acondicionado, pero no hacía tanto calor.» Después de someter a Marta —«mi primera reunión con padres»— a un tercer grado y aconsejarle que no se le cayese ningún niño del cambiador, terminada la reunión, sacó un termómetro del bolso. «¿Que no hace tanto calor? Mira, 25 °C.» Blanca se indigna. «¡Hombre! Mete un termómetro en el bolso y póntelo encima [durante el tiempo que durase la reunión] y a ver cuánto te da.»

Durante todo aquel año, esa mamá puso a prueba la paciencia intacta de Marta. Por ejemplo, «decía que el niño se había dado golpes y tenía la cabeza llena de moratones. Y lo ponía a la luz para que lo viese. Y no tenía nada. Y así todos los días». Y, sin embargo, cuando finalmente se fue, «estaba encantada». No sé si era recíproco.

Cuando Blanca tuvo que prescindir de una de sus educadoras durante mes y medio porque eligió casarse en verano y juntar el permiso matrimonial con su mes de vacaciones, tuvo que aguantar también las críticas de algunos padres. «Pero, vamos a ver, ¿le voy a decir yo cuándo se tiene que casar?» Además, alguien criticaba que la educadora no hubiese avisado con tiempo, cosa que, pudo comprobar Blanca, sí había hecho, en la agenda. También Marta ha tenido que soportar los enfados porque se iba de vacaciones en temporadas que a los papás de sus alumnos no les parecían bien. «¿Cómo te vas a ir de vacaciones? Que está mi hijo.» «Ya, pero es que hay más.» «Y hay algunos que te preguntan cuándo te vas a ir de vacaciones para cogerlas ellos igual.»

Otra mamá esperó a final de curso, un curso en el que G. «había ido muy bien, fenomenal, no puso ningún problema en todo el año», para quejarse amargamente a Marta de que su hijo no había aprendido nada. «En la reunión final, estaba hablando con ella tan tranquila contándole lo bien que había ido todo, y se puso a decirme que había pasado un año malísimo, que no estaba nada a gusto, que el niño no había aprendido nada, que lo único que aprendía lo aprendía porque se lo había enseñado ella, que había perdido un año y que a ver si iba al cole y le iba mejor.» Marta solo acertó a decir que lo sentía y que esperaba que, efectivamente, le fuera mejor. Yo me permitiría recomendar que, sobre todo, no espere a fin de curso para intentar enderezarlo.

Por algo similar tuvo que pasar Mary Cruz cuando, después de varios años, tuvo que enviar a un pequeño con problemas a otro centro. El chico sufría un retraso que no se hizo evidente hasta los dos años. «Cuando tienes un hijo con síndrome de Down, es un choque muy grande, pero lo ves al nacer, lo vas asumiendo. Cuando no lo asumes es cuando llega la edad de caminar y no caminan o... Entonces ahí es un choque tremendo.» Fue el caso de este chico. «Nosotros no sabíamos. A medida que iba creciendo se le iba notando más. Imagínate tener un crío con este problema, que lo viste a partir de los dos años.» Con todo su oficio, Mary Cruz y sus compañeras hicieron todo cuanto estaba en sus manos para salvar esas dificultades y conseguir progresos con el pequeño. «Estuvo aquí hasta los siete años —El Bibio atiende a niños de hasta seis—. Hicimos por él todo lo que había que hacer y más. Pero ya no podía seguir, no tenía sentido.» Probablemente, requería una ayuda que ya ellos no le podían dar. «Y al decir a los padres que tenía que marchar», reaccionaron mal, se enfadaron con el centro, cogieron la puerta y no dijeron ni adiós. «Marcharon y —lo que más duele a Mary Cruz— nunca más vinieron a vernos.»

Tampoco fue ejemplar la reacción de una mamá cuando, al acercarse la fiesta de fin de curso, su hijo escogió el disfraz de hada. «¡De hada, nada! A ver si va a salir mariquita el niño.» Aclara Mary Cruz que se trataba de una profesional respetada en su campo, la psicología, «muy progre». «Todas las teorías que quieras, pero el suyo, que fuera de paisano [de hombre].» Peor aún fue la reacción de un médico que tenía a su hijo en El Bibio en los años duros del SIDA. En la escuela de Mary Cruz organizan en Navidad una fiesta con merienda, a la que asisten los padres. Este, en concreto, llevó a Mary Cruz a un rincón porque quería hablar con ella un «tema muy personal». Se había enterado, por su trabajo, de que la madre de uno de los compañeros de clase de su hijo tenía la enfermedad. En la escuela no lo sabían. El caso es que dijo a Mary Cruz que se las apañase como pudiese, «pero que a ese niño no lo quería en la clase de su hijo». «Él, que era médico, que estaba tratando el tema del SIDA, que daba conferencias sobre el tema, diciendo que no había ningún problema...» Desgraciadamente, la enfermedad hizo lo que Mary Cruz no estaba dispuesta a hacer. La madre murió al poco tiempo y el niño dejó de acudir a la escuela. En la conciencia de ese señor quede.

Y en la de los padres que han huido de Party cuando Ana ha tenido a bien admitir al triple de niños especiales de los que legalmente podía admitir. «Hay padres que no lo han aceptado, no aceptan que sus hijos se relacionen con niños especiales y se han llevado a sus hijos. Y los años que hemos tenido algún niño que choque físicamente —me pone el ejemplo de un chico con ectrodactilia, el síndrome que provoca una deformidad en las manos y pies haciendo que parezcan pinzas—, la mitad del centro se me ha vaciado. Claro que a mí me ha importado tres narices.»

A CASA POR VACACIONES

Ana sostiene que sus padres, a pesar de las aventurillas que haya podido tener con algunos de ellos, son «divinos, maravillosos». Y pone un ejemplo que tal vez tenga que ver con el origen de su opinión. «Tenemos casas en todos lados, porque nuestros padres son supergenerosos.» Me habla de una familia que tenía un apartamento en París con seis habitaciones e invitó a la educadora de su hija a pasar unos días, extendiendo la cortesía al resto del personal; también me cuenta de unos que tenían «una finca, unas casas así, de playa, en Cerdeña» e invitaron a pasar las vacaciones a todas las educadoras. No fueron, me dice, pero confiesa que ella ha «aprovechado mucho» esas invitaciones, sobre todo al principio de hacerse cargo del centro: a Suecia, a Alemania, a Italia, a Venezuela. Ser profesora de guardería tiene sus penas y sus compensaciones.

MALOS TRATOS

¿Se acuerdan del papá de los kikis de Querubines? Pues pese a todo no estaría tan descontento con la escuela de sus hijos, porque a la tercera la llevó también con Nuria. No se preocupen, que no les voy a contar ninguna otra salida de tono. Esta vez la niña fue meramente sujeto pasivo, actriz secundaria y con una sola frase.

Una mañana, se presentó la policía y pidió a Nuria que fuese a declarar a la comisaría. «Pues, ¿qué ha pasado?» Las ventanas de Querubines dan a la calle y esa mañana una señora, al pasar por delante, había visto supuestamente cómo una de las educadoras daba un bofetón a una niña y la tiraba de la trona. La niña resultó ser la pequeña de ese señor tan distinguido de los kikis. De primeras, buen bofetón hay que dar a un niño para sacarlo de una trona, que tienen las piernas atrapadas bajo la bandeja y con una barra en medio, pero bueno.

Aunque Nuria no estaba en ese momento en el aula, ya sabía que era imposible, por muchas razones. La primera, porque conoce a su personal. La segunda, porque tiene cámaras web, cuyas imágenes puede recuperar con un intervalo de veinticuatro horas. «Los padres pueden estar viéndolo» en cualquier momento. Y tercero, porque para informar a los padres de la situación se presentó en su casa y ellos mismos preguntaron a la pequeña. «¿A ti te ha dado esta?» Con «esta» no se referían a Nuria, que no estaba en la clase, sino a la educadora que sí estaba. «No», dijo la niña. Además, alguna confianza debían tener esos padres en Nuria y sus compañeras, porque era la tercera.

Como Nuria sabía, la cosa quedó en nada. «Pues nada, que esta señora había ido ese día a por el pan, se ve que le había salido mal la barra y ha decidido que al que pasara. Y claro, lo más fácil es denunciar esto, maltrato a mujeres, niños o ancianos. Y tienen que tomar declaración. Que es nada, pero es que [una cosa de estas] te arruina la vida.» Reprimidas por su abogado las ganas de Nuria de hacer saber a la señora que esas cosas no se hacen —«que sé dónde vive»—, Nuria dejó pasar el incidente.

La policía no lo dejó tanto. Como reconocieron a Nuria algún tiempo después, algunos agentes de paisano estuvieron una semana vigilando el centro, por las ventanas, por si acaso. Pasaban, miraban, se detenían. De incógnito. Descubrieron todo tipo de violencia, física y verbal, vejaciones, empujones, escupitajos... Entre los niños, claro. «Ahí, algunos se daban, otros se tiraban del pelo, no sé qué... Pero vamos, que las educadoras, nada. Y nos hemos reído...»

También tuvo que hacer frente Nuria a una denuncia por un niño que había mordido a otro, esta vez, en una guardería que gestiona en un pueblo de Guadalajara. El alcalde, asustado, pensaba que se le iba a caer el pelo al centro, pero Nuria lo tranquilizaba. «Esto no llega a ningún lado.»

—¡Hombre que si llega!

—¿Tú crees que un juez, cuando vea en un parte de lesiones que un niño ha mordido a otro, va a hacer algo? No haría otra cosa, entonces.

NO SIN MI HIJO

Abordo en este momento un aspecto de la relación padres-guarderías que se da en muchas ocasiones y que trae de cabeza a muchas educadoras: tener a sus propios hijos en la escuela. He encontrado varios casos y realmente no sé qué opinar. Tampoco es que haya nada que opinar, por lo general las circunstancias son así y no hay vuelta que darle, la necesidad obliga y una educadora se encuentra con que su niño está en el centro donde trabaja. Vamos a ver algunos casos.

Ana sostiene que cuando una educadora tiene a su hijo en el centro «lo trata fatal». Quizás es porque traslada a la escuela la forma de tratar al niño en casa, es inevitable; o porque, intentando evitar un trato de favor evidente hacia el hijo propio, termina saliendo por el otro extremo. «Hasta el punto de que a alguna de las mías [cuando ha gritado a su hijo o tratado duramente] he tenido que decirle: "Oye, perdona, que en la calle no saben que es tuyo."» Sostiene además que a las madres no les gusta que sus hijos sean sus alumnos o anden cerca, y me pone dos ejemplos. Una educadora que trabajó con Ana durante nueve años y que sacó unas oposiciones y ahora es directora de una escuela: «Los llevo porque estoy yo, que si no...», le dice a Ana. Otra chica, que fue encargada de Party también nueve años «hace once kilómetros para entrar en el centro de Marbella y me trae a su niña a mí» en vez de llevarla a la guarde en la que ella trabaja ahora.

En Cucutras, tuvieron un caso hace algún tiempo. H., el hijo de una educadora, tuvo un accidente por seguir a su madre a todas partes. Blanca sostiene que «no es bueno ni para el niño ni para la madre». Como norma, en Cucutras no se pone a una educadora en la clase de su hijo. Si, por las rotaciones, coincide que la educadora tiene que hacerse cargo del grupo de edad en el que está su hijo, se cambia de grupo a la educadora. «En su clase no está nunca, no puede estar.» Y se pone de ejemplo a sí misma. Cuando abrió, su hijo estaba en el grupo de uno-dos y ella cogió el de dos-tres. «No se me habría ocurrido ponerme en el de uno-dos en la vida. Y aun así se me colaba por el baño.» Sonia, Marta y Blanca ven que la madre que tiene al niño en su escuela «tiene favoritismo hacia su hijo, por mucho que quiera evitarlo». De hecho, una de las educadoras va a meter a su hijo en otra escuela porque «lo pasa fatal. Dice que lo pasa muy mal cuando lo oye llorar o pasar por delante de la clase y no asomarse». Prefiere pagar otro centro —«que va a llorar igual, o más, pero yo no lo oigo, no lo veo»— que tenerlo gratis en Cucutras.

María tuvo a su hija en Lala Lunera desde los tres meses. Y no lo cambia. «Con las horas que estoy aquí, me habría perdido todo de mi hija» si la hubiese llevado a otra escuela. «Tenerla a tu lado no está pagado con dinero. Lo que te has perdido, te lo has perdido para siempre. Yo me alegro. Me gusta, sí.» Además, su hija lleva viéndola dar biberones, cambiar pañales y coger en brazos a otros niños desde que nació, así que lo ve normal, no es celosa y no siente que la guarde ni nada de lo que hay dentro sea suyo, de su madre, y que por ello tenga que tener mejor trato.

Concede María que el trato de favor puede ser una tendencia, pero ella intenta no ceder a ello. «Nunca la pongo la primera para nada, no la pongo de ejemplo para comparar niños ante otros padres, no será la Virgen María en el Belén viviente de Navidad, no le doy de comer la primera. Siempre le quitas algo para que no... Muchas veces es verdad que la dejas un poco para la última.» Igual nos estamos asomando ya al otro extremo. «Bueno, tampoco... Intento no descuidarla tampoco, que no se lleve la peor parte.» El equilibrio es difícil, como se puede ver. Cuenta María que un día ella y una educadora estaban limpiando después de dar las comidas y una niña, la hija de la educadora, tuvo que decirle: «Mamá, a comer yo, a comer yo.» «No le habíamos dado la comida, eso no me había pasado en la vida con nadie» y fue a pasarle precisamente con la hija de una profe.

Nuria también tuvo a la suya en Querubines, desde que tenía un mes. Y no debió de ceder a la tentación del trato preferente, más bien al contrario. «Aprendió a tomar el biberón sola con tres meses. Era siempre la última en tomarse el biberón, así que se lo expliqué: "Mira, hija, vas a tener que tomarte el biberón sola." Y le ponía una almohada, se lo colocaba, y aprendió a cogerlo y se lo tomaba sola, la pobrecita.»

Después de todo lo anterior, que es mucho, uno podría pensar que las educadoras prefieren no ver un padre ni en pintura. Pero no es así, una inmensa mayoría de los educadores a los que he consultado tienen en general buenas palabras hacia los padres y opinan que, en su mayor parte, son encantadores. No es ninguna broma. Al final, los padres somos como todo el mundo, solo que un poco más coñazo cuando de nuestros enanos se trata.

6

Fiestas de guardar

Son la ocasión perfecta para salir de las rutinas habituales con nuevos trabajos y actividades y, por qué no decirlo, para poner deberes a los papás, que nosotros también disfrutemos de las tijeras, el pegamento y las cartulinas y refresquemos esas habilidades que probablemente no hayamos vuelto a poner en práctica desde primaria. O que descubramos el talento de nuestros hijos para la canción, el baile o el teatro. O nos descubramos a nosotros mismos como actores o cantantes, que de todo hay. Son las fiestas que organizan las guardes en las fechas especiales: Navidad, Semana Santa, fin de curso, la primavera, el día de la Paz, carnaval, el día de la Madre, el del Padre, el 4 de julio, el cumpleaños de Messi...

En este campo, Party funciona de un modo diferente. Ellos no hacen actuaciones con los pequeños, sus fiestas de fin de curso son más de reunir a los padres y tomarse unas tapas, gazpachito y cerveza. «Cosas del sur», que dice Ana. No obstante, su postura, por más que apetezca, es una excepción.

Lo más normal es que, con motivo del fin de curso, del carnaval o de las fiesta patronales de la localidad, las guardes organicen todo tipo de celebraciones. Por ejemplo, el carnaval es, en Cádiz, obligatorio. Y en la escuela donde trabaja Susana tiran de imaginación y de salero que da gusto y lo muestran a todo el que quiera verlo con desfiles callejeros. Por ejemplo, recientemente han vuelto a casar a la duquesa de Alba. Lástima que esa niña del pelo rizadito no pudiera hacer el papel —su madre se opuso—, pero la sustituta no defraudó. «Se puso a bailar y todo, a la mamá se le caía la baba.» Cuentan para sus pasacalles con la ayuda de muchos padres, y en Cádiz no debe ser raro encontrar alguno armado con algún instrumento: «A la hora de buscar un músico lo tenemos fácil, porque siempre hay alguno que sabe tocar, si no el bombo, la caja, o si no, la guitarra.» Por si fuera poco, en una ocasión convencieron —supongo que no haría falta rogarle mucho— a un papá que, casualmente, era director de una de las chirigotas más conocidas del carnaval gaditano.

Para Semana Santa, han llegado a contar con los servicios de una madre que forma parte de la banda de música del Tercio de la Armada (TEAR), una unidad de la Marina española que tiene su sede en San Fernando. Esa mamá incluso reclutó —se me pasó preguntar el grado; quizá se lo ordenó— a alguno de sus compañeros para el desfile de los niños, que en aquella ocasión fueron vestidos de monaguillos.

Otra Semana Santa, lo que montaron fue una procesión en la que no faltaba detalle. «Está la cruz de guía, las señoras con mantillas, muy típico, los monaguillos con los inciensos, el paso con los cargadores —que se llaman cargadores, en Cádiz, no costaleros como en Sevilla—; detrás del paso está el aguador —por Dios, que no puede faltar, esos hombres tienen que beber agua de alguna manera—; el que enciende las velas del paso y lo que es la penitencia, las señoras o señores que van un poco más sobrio. Pues entero, con los tres grupos: cero-uno, uno-dos y dos-tres.» Con su acento gaditano, Susana describe uno por uno a los personajes que integraron esa pequeña procesión. Esos capirotes, esos faldones, esas señoras de negro bolsa de basura con mantilla... «El paso era un carrito de los de pintura, de esos que tienen cajones, que lo tuneamos. Quitamos los cajones y forramos el carro por fuera. Las picas que usamos para la clase de psicomotricidad las pusimos en forma de maniguetas. Bueno, todo eso lo forramos, pusimos papel de aluminio, hace un tiempo nos pusimos a hacerle un palio, el disquito con las flores, los candelabros...» Jolín, solo faltaba la talla del Cristo o la Virgen. Mejor que eso. Una de las niñas del centro, elegida por sorteo. «Pedimos permiso a los padres y la montamos arriba en el carro-paso. Lo esencial era que entrase en el bumbo», esos silloncitos para niños muy pequeños que parecen un orinal, con una barra que separa las piernas y los mantienen sentados derechos. «Tenía que entrar en el bumbo, porque fue lo que se puso para elevarla un poco, que se le viese la cabeza. Fue una niña de la clase de uno-dos, pequeña. Los más grandes de la de dos-tres fueron los cuatro maniguetas, esos iban en cada palo.» [Esto es un secreto: en realidad, los niños no portaban el paso, lo empujaba una educadora. No se lo digan a nadie.] A los padres hubo que sujetarlos en un punto para que la procesión tuviese recorrido y luciese algo. «Los niños, cuando ven a sus padres, se acabó el desfile.»

Cuando se acerca el fin de curso, la escuela de Susana organiza una obrita de teatro. ¿Y quién la representa, los padres o los niños? Ni unos ni otros. Por una vez, son las educadoras las que se someten al juicio del respetable. «Es el mejor regalo que podemos hacer a los padres, algo para agradecer su colaboración.» Las maestras ensayan en el centro, con un público selecto, sus alumnos. «Se hartan de reír, sueltan cada carcajada que es horroroso. Es un público difícil, porque si no les gusta, se levantan y se van y se acabó. Ya puedes decirles tú misa.» Los padres, en el estreno, son un auditorio algo más facilón, entregado de antemano. Como curiosidad, los textos van a cargo de la experta en bebés de la escuela, una compañera de Susana que lleva varios años solo y exclusivamente para los bebés y que, en sus ratos libres, escribe —«ha escrito un par de libritos con curiosidades de los más pequeños»—. «Hacemos adaptaciones de sus cuentos, que son adecuados para la edad. A los padres les gusta mucho y ella, pues fíjate, se siente muy halagada.» Hombre, una autora que ve sus obras estrenadas «y qué mejor que con nosotras, que estamos allí todos los días».

La obra a cargo de las educadoras va en agradecimiento a la colaboración de los padres, que, en pago, tienen que representar a los Reyes Magos, incluso bailar flamenco con sus capas y sus coronas. Por no hablar de aguantar las reacciones que pueden experimentar los niños en las rodillas de un Rey Mago que, nos guste o no, no suelen ser las que esperamos. «Tiene que ser casi traumático, no para los niños, sino para los padres.» Te visten de rey de oros y encima te ponen a bailar flamenco. Intolerable.

Trauma esponjoso

Hablando de las reacciones a la visita de seres del planeta de las ilusiones de los niños, Marga, Cecilia y Susana, de Cáscara de Nuez, ya saben qué no hacer cuando organicen fiestas de fin de curso. Sus graduaciones son de esas en las que se tira la casa por la ventana: togas, birretes, orlas para los diplomados, fotógrafo, piscinas, comida, juegos de agua, piñatas, castillos flotantes... Un año, repararon aún menos en gastos y la velada incluyó la visita de unos payasos y el mágico fin de fiesta a cargo de Bob Esponja y Spiderman.

«Pensábamos que iba a ser un día espectacular y de gran expectación y sí, fue un día de una expectación tremenda y muy espectacular, pero de llantos, de lloros y de horror. Quedaron traumatizados. No pueden volver a ver a Bob Esponja.» ¿Y eso por qué? No me lo explico, si es una criatura adorable. «Les dio muchísimo miedo. Son muy pequeños y cuando, de repente, vieron a Bob Esponja a tamaño natural, con Spiderman y los payasos, empezaron a gritar. Todos, sin excepción.» De alguna forma, no sé de qué nos extrañamos. Si nos topamos en la calle con una pandilla integrada por Bob Esponja, Spiderman y tres payasos solo puede tratarse de un atraco a un banco. Por otro lado, que me perdonen él y su amiguito Patricio, tampoco es que el señor Esponja esté para ganar concursos de belleza. En fin, pónganse en el lugar de los niños, que no tienen la capacidad de distinguir el Bob de la tele, manejable y plano, del que le han puesto delante, que, este sí, se compone de dos metros cúbicos de espuma amarilla, un pantalón corto marrón como el del guitarrista de ACDC, una camisa blanca de manga corta —solo le faltan tres bolis en el bolsillo—, una corbata roja y zapatos negros de charol con calcetines blancos de deporte. «Fue horrible. Se agarraban a nosotras como una forma de decir "¡Por favor, sácame de aquí, sálvame de Bob Esponja!".» De nada sirvió que se pusieran todos a repartir... caramelos y regalos. «Hubo que pararlo. La idea era que se quedasen desde después de la comida hasta las cinco o seis de la tarde, pero se tuvieron que ir antes.» Bueno, al menos no aguaron todo el día. Pero la huella que dejaron fue profunda. «Luego después, al día siguiente, los niños que venían, si salía en los dibujos alguna imagen de Bob Esponja, todos llorando: "¡No, nooooo! ¡Bob Esponja, nooooo, no, no!"» En fin, la intención era buena.

QUID PRO QUO

El 11 de mayo se celebra en Cataluña la fiesta de Sant Ponç, patrón de los herbolarios y los apicultores. Es una festividad primaveral en la que son protagonistas la miel, la mermelada, los remedios caseros, hierbas medicinales y otros productos naturales. Como hemos visto, en Pam i Pipa, los productos naturales son cosa del centro y de los niños, que elaboran bolsitas de hierbas aromáticas, mermeladas o sales de baño como obsequio para los papás. Estos, quid pro quo, traen pasteles para la ocasión primaveral.

Si a cambio de unas bolsitas de hierbas aromáticas tú me traes unos pasteles, a final de curso, con toda la evolución y aprendizaje de tus hijos en un platillo de la balanza, es justo que en el otro los padres pongan un espectáculo. Cada año, los papás de cada clase preparan una actuación. Le comento a Gemma que no suele sentar bien a los padres verse obligados a estos menesteres. «Pues aquí, la verdad, no sé si es por el tipo de escuela que tenemos, pero se animan mucho. Al principio, traíamos siempre un grupo, pero a veces, los grupos para niños... No sé, estábamos ya un poco hartos de las canciones infantiles. Y a veces a los niños también les gusta otro tipo de cosas, de música. Llevamos bastantes años haciéndolo y funciona bastante bien. Hacen maravillas, ¿eh?» Aquí es donde se tiende a pensar que sí, que vale. Pero es cierto. Hay vídeos en internet que lo demuestran. Que muestran a grupos de padres haciendo el ganso con talento y pasándolo, realmente, pipa. «Cada clase se tiene que preparar su actuación: un baile, una coreografía, un poema... Algo que dure, a lo mejor, cinco minutos, diez. Hay padres que hacen playback, otros escriben ellos mismos las canciones, otro que sabe tocar la guitarra, el violín; los hay que cuentan con sus hijos y los que no.» Tal es el éxito, que un grupo de padres llegó a regalar a la escuela un CD en el que cantan los padres las canciones escritas por ellos para la escuela. «Hay una canción con el nombre de cada una de las aulas que tenemos, los padres han compuesto las canciones, han escrito las letras, las han grabado...» Muy profesional.

QUERER ES PODER

Lo malo de dar a elegir a un niño es que suele escoger lo más difícil, lo que está más lejos de su alcance, lo más enrevesado, lo menos posible, lo más difícil de encontrar, lo que estamos menos dispuestos a darle. En el caso de El Bibio, no obstante, casi nada es imposible. Recuerda Mary Cruz a una niña que nació sin una mano. Una de esas malformaciones que hacen que salgan dedos pequeñitos, de apenas un centímetro. Pero esta niña era una estrella y nada se le iba a poner por delante. En esta escuela asturiana cada año se hace una obra o baile de fin de curso y son los niños los que eligen el personaje que van a interpretar y la actuación. La niña de la que hablamos, toda arrojo y gracia, puestos a elegir, eligió un baile del velo. «Era un baile precioso.» Pero el más difícil para ella, porque tenía que coger el velo con la mano que no tenía. «Y ahora, ¿quién la convence para que no lo haga?» Con lo ilusionadísima que estaba la pequeña. Y tampoco era cuestión de impedírselo en función de una falta que ella no sentía. Bueno, pues se apañaron como pudieron, atándole el velo a la muñequita. «Mira, llorábamos todos en la actuación. Aquella niña era una maravilla.» Y que lo digas, Mary Cruz.

En Lala Lunera, también puestos a elegir disfraz, por qué no uno de Gormiti. Lo malo es que tus papás no quieran ese / no puedan permitírselo / hayan comprado otro de antemano. El caso es que apareció uno vestido de faraón. Faraón, faraón. Pero que nadie le dijese que no iba de Gormiti. Hasta para que se acercase a las fotos había que llamarlo por el nombre de estas criaturas monstruosas de tierra, aire, agua y fuego. «¡Que soy Gormiti!»

Escribí una vez una cosa sobre el segundo hijo, el segundón, que yo lo llamé. Me ponía en la piel de un hermano menor de seis meses y me quejaba, no tanto del trato recibido como de otros varios hechos: heredar siempre la ropa, andar mendigando que me cojan, haber aprendido a dormir solito porque mis llantos no hacían mella. Esas cosas. Digo esto porque, aunque no lo mencioné en aquel texto, otra diferencia entre un hermano mayor y uno menor es que los papás primerizos acudimos embobados, cámara de fotos, videocámara en ristre, a cuanta función nos llaman desde el cole de nuestros hijos. Que te quedes dormido y llegues tarde a un sarao así no entra en ninguna cabeza, no está previsto en el devenir de los astros. Salvo que tengas más de un hijo y tengas el trasero pelado de sentarte en sillas minúsculas o en el suelo.

No era el caso de esta mamá hiperpuntual, supercomprometida con su guarde, Chikilandia, la de Olite. «Llevaba toda la semana intentando sonsacarnos el disfraz que íbamos a ponerles», porque en Chikilandia el disfraz de carnaval es secreto. Solo dicen a los padres el color del que los niños tienen que ir vestidos para la aparición sorpresa. Lo que no sé es cómo consiguen que los niños no se vayan de la lengua. ¿Habrá algo más que palabras? El caso es que, llegado el día de carnaval, la mamá acude puntual a llevar a su niño, se vuelve puntualmente a casa y «cuando salimos a la hora de la salida», cuando se desvela la sorpresa, salen todos los niños a la vez y los padres conocen por fin de qué diablos se han disfrazado los enanos, la mamá superpuntual no está. «Esperamos cinco minutos, diez minutos, quince, veinte... Qué raro. Si es superpuntual y lleva toda la semana superpreocupada. La llamamos y se había quedado dormida en el sofá con la cámara de fotos encima. "¿Qué? ¡Ay! ¿De dónde me llamas? ¿De dónde me llamas? ¿Qué hora es?" Vino absolutamente fuera de hora y salió su hijo, el pobrecillo, solo, cuando ya se habían ido todos.» Hay cosas que los niños no nos perdonarán nunca.

7

Accidentes. El ángel de la guarda

Los niños pequeños tienden a accidentarse, a darse golpes, a atragantarse, a sufrir episodios alérgicos. Algunos de estos percances pueden poner en riesgo sus vidas. Dado que pasan muchas horas en las guarderías, muchos de ellos suceden dentro. Es en este punto donde se puede atisbar la enorme responsabilidad de las personas que cuidan de nuestros hijos. En las entrevistas realizadas para este libro, no menos de media docena de veces la intervención de la educadora o educador ha servido para salvar la vida de un niño.

PAM I PIPA

«Yo recuerdo una que me pasó a mí justamente porque la profesora de los lactantes estaba de baja, le habían sacado una muela.» Gemma debe tener recelo de los dentistas por partida doble. «Estaba yo haciéndole la sustitución en la clase y puse a un niño pequeñito, de meses, a dormir.

Poco antes de las tres de la tarde, llamé a la madre para decirle que tenía fiebre.

»—Oye, tu niño tiene fiebre, lo tendrías que venir a buscar.

»—Mira, yo estoy en una reunión, llamaré a mis padres para que vayan a buscar al niño.

»—Vale.

»A los cinco minutos, la madre llamó para informar de las novedades.

»—Mira, mis padres todavía están comiendo. Tienen que hacer el café.»

Gemma, que habla muy tranquila, se va alterando. «Así, ¿eh? Con estas palabras: "Cuando terminen, irán a buscar al niño."

»—Bueno, es que no le podemos dar un antitérmico ni nada. Tendríais que venir...

»—Bueno, enseguida iremos. Yo tengo mucho trabajo. No me llames ahora, porque estaré en una reunión.»

Cuando colgó el teléfono y volvió a la clase, lo vio «que yo pensaba que estaba prácticamente muerto. Lleno de sudor, creo que sacaba espuma por la boca, estaba así como muy rígido, brillaba...». El niño había tenido una convulsión febril. Estos episodios no suelen tener mayores consecuencias, pero son muy aparatosos, porque los niños pueden perder la consciencia e incluso pueden dejar de respirar. Pueden durar desde unos segundos y hasta quince minutos. Gemma no se había encontrado todavía frente a ninguna.

Con una compañera, Montse, «cogimos al niño, que estaba medio desnudo porque era verano, lo envolvimos en una toalla y nos fuimos como locas corriendo al hospital». Cerca de la escuela hay una parada de taxis y tomaron uno. «Recuerdo el viaje hasta llegar al hospital: ni hablábamos, nos mirábamos pero no podíamos hablar. Yo pensaba que el niño se nos moría en los brazos. El taxista, también, con una cara... Pitando. En esos momentos, yo me veía...» Parece que lo esté viviendo de nuevo, porque sufre sensiblemente al otro lado del teléfono.

Al llegar al hospital, Gemma pensó que «el niño estaba realmente muerto, porque no reaccionaba». Llegaron, los médicos atendieron al niño y no le pasó nada. Pero mientras los médicos trataban al pequeño, Gemma volvió a llamar a la madre para contarle lo ocurrido. «Bueno, pues Montse y yo nos fuimos del hospital después de, a lo mejor, dos horas, y la madre todavía no había llegado. Sabía que su hijo estaba en el hospital con nosotras, pero como sabía que estaba bien, vino tranquilamente por la noche y hasta el día siguiente no me llamó a casa. Tranquilísima, me decía que confiaba tanto en nosotras, que ella tenía una reunión, que por qué tenía que correr, si estábamos nosotras.» Por si fuera poco, hablamos de una persona que trabajaba con niños, una psicóloga. «Yo, esto, no se lo perdonaré en la vida.»

Después de aquel episodio han tenido otros, pero la cosa cambia mucho cuando sabes a qué te enfrentas. Aun así, ver a un niño con los ojos vueltos, rígido, convulsionando, con los labios morados... No debe de ser nada agradable. Tuvieron dos niñas, hermanas, que tenían predisposición a tenerlas en cuanto la fiebre les subía un poco. De hecho, una de ellas tuvo una, y se presentó una ambulancia a atenderla y se la llevó. Gemma ya sabe cómo actuar y «ahora ya tenemos una inyección para ponérsela» al que tenga una. Pero vamos, respecto a estas niñas, a la mínima que tienen 37 °C, ya están llamando a los padres, «que estos sí que vienen automáticamente».

ES PETITS

Este no es exactamente un accidente ocurrido en una guardería, aunque con uno y con otra tiene que ver. Es la historia de M., al que María echa de menos como si fuera su propio hijo, ahora que él está en África. No en vano, fue su hijo durante cuatro meses. La historia comenzó cuando un día de lluvia, a las siete de la mañana, se presentó en la *escoleta* la madre de M. con el niño, de apenas ocho días, en brazos. Esta señora trabajaba en una tintorería y tenía otras dos niñas.

—¿Tú María?

—Sí.

—Yo dejarte a M. porque yo ir a trabajar a tintorería.

M. era precioso, «tan guapo, negrito, con unos ojos brillantes»… No sabía María cuánto iba a disfrutar de esos ojos. Porque un día, mientras los papás de M. trabajaban, ella en la tintorería, él en la obra, una de sus dos hermanas tuvo un accidente. Las dos se habían quedado con una vecina de ellos y, jugando al escondite, eligió una ventana para ocultarse y se cayó, dos pisos, y se destrozó una pierna, una costilla y algunas cosas más. Cuatro meses estuvo en el hospital Son Dureta, en Palma, recuperándose. Cinco veces tuvo que pasar por quirófano para que pudiera recuperar a medias la pierna. Y María, que debería tener, además de una *escoleta* encantadora, un monumento a la entrada de Sóller, durante esos cuatro meses, tuvo en su casa a M. y su hermana mayor, de diez años. Como si fueran hijos suyos, como los dos que tenía ya María.

La madre de la chiquilla pasó allí los cuatro meses y María llevaba a M. y su hermana a verla todos los fines de semana, para que el pequeño no perdiese el contacto con sus padres. M. llegó a llamar «mamá» a María y, cuando llegó el momento de volver con sus padres, le costó un disgusto separarse de su profesora/madre accidental, la mujer que estaba las veinticuatro horas del día con él. De hecho, ya en su casa, una noche tuvo que ir María a calmarlo porque, estando malito, no hacía otra cosa que repetir su nombre. «*María, t'estim*», le decía cuando se sentó a su lado.

Ya con tres añitos, los padres de M. volvieron a su país, a Senegal, y allí está M., acordándose de María, según le cuenta un familiar que sigue en Sóller. «¡Ay! Yo lo echo mucho de menos, a M.». Y María me solloza al teléfono, intenta reír pero se le escapan unas lágrimas, muy pocas. La nostalgia la puede. Y suspira por esos ojitos brillantes. «Sí, pero sí, M...»

PARTY

Cuando Ana abrió su guardería, el centro quedaba a las afueras de Marbella. Treinta y cinco años después, las afueras quedan lejos y puede decir que su escuela goza de una situación céntrica en la localidad malagueña. Y con el centrado, comenzó a sentir los problemas del centro de las ciudades, incluyendo los robos. En algunos periodos, los robos se hicieron bastante continuos y decidieron poner una reja en la puerta de la cocina, que da al patio principal. En ese patio es donde suele tener unos minutos de charla con los padres que vienen a recoger a sus hijos. En una de esas charlas estaba cuando escuchó gritos. «¡Ayuda, ayuda!» Un niño se había metido por entre los barrotes de la reja y había quedado atrapado. «Le había entrado la cabeza y lo demás no iba ni para adelante ni para atrás.» Suele pasar en estos casos. No hay manera de saber cómo han entrado las piezas en vista de que se hace imposible sacarlas. «Si tú vieras, embadurnando al niño con aceite de oliva para poder pasarle la oreja. Lo pasamos realmente mal hasta que pudimos sacarle, pero casi de llamar a los bomberos.» Pero salió.

Hablando de salir, «recuerdo la primera vez que un dentista me dijo que en el momento en que [a un niño se le] saliera un diente entero, de raíz, lo volviéramos a meter». Perdona, Ana, no sé si te he entendido bien. «Cuando el diente sale entero, no cuando se parte, cuando sale entero con la raíz hay que volver a meterlo.» A Ana le dijo esto un dentista para que supiera qué hacer en caso de que un niño, de un golpe, perdiera una de las piezas de cuajo. «El primero que metí, me iba a dar un infarto. Vamos, que se lo puse al pobre casi del revés.» Ana relata algo así:

—¡Ay, Dios mío! ¡Ay, Dios mío!

—Que se lo metas sin miedo, que se lo metas —decía el dentista.

—Pero cómo se lo... Con lo que le va a doler.

—No, no. Con lo que le duele ahora este porrazo, ahora le podrías hasta rajar, que no lo siente.

Según lo que explicaron a Ana, cuando se vuelve a meter el diente en su sitio, evidentemente, el diente no se reintegra normalmente. No, el diente muere igualmente porque se ha roto el nervio. Por tanto, se irá oscureciendo y quedará negro. «Pero al menos no daña al resto de los dientes.» Estamos hablando de dientes de leche, no de la dentición definitiva, con lo cual, los dientes se le van a caer al niño de todas todas. Pero al menos no se moverán los que le queden y los dientes definitivos saldrán cada uno en su sitio. Si le ocurre este percance a un niño de dos años, «estamos hablando de que hasta los siete u ocho años va a estar sin la pieza. Es preferible [volver a encajárselo] para que los demás no se vayan moviendo tanto, para que les quede la guía». Aunque se quede negro, el niño sigue teniendo el diente y los demás no se mueven.

Pero yo pensaba que era poco frecuente, que lo era más que se partiesen los dientes con los golpes. «No, pasa muchísimo, muchísimo. Partirse, mucho. Pero lo de salirse... Dicen [los dentistas] que, normalmente, cuando se sale es porque llevan ya unos toquecitos ahí dados. A veces, se pegan un porrazo y no sueltan el diente, pero se les pone negro igual. Eso es porque la raíz ha muerto pero no ha salido. Pero en el momento en que se les salga con la raíz, volved a metérselo.»

«Ahora lo cogemos y hacemos plim, plam, el siguiente, plim, plam...» Me viene a la cabeza una cadena de montaje: niños que van pasando con la boca abierta para que los operarios completen el ensamblaje martillo en mano. «Pero los primeros son horrorosos, horrorosos. Porque es que, además, ves ese pedazo de agujero, que parece un cráter, que no hace más que salir sangre. Y piensas "Le va a doler que se lo meta". Pero ya le duele tanto... Tú imagínate ese bombeo de cuando nos pegamos un porrazo, bum-bum, bum-bum, bum-bum...» Eres muy gráfica, Ana.

T. tiene el récord absoluto de puntos en una sola brecha en Party. Esta brecha, en la frente, tiene el mérito, además, de que supuso el abandono puntual de las tiritas americanas con las que curan los tajos en Party desde hace años. «Hace veinte años las comprábamos en Gibraltar, en España no había.» Ana tiene sus razones para usar estas tiritas, unas finas bandas que sirven básicamente para lo mismo que los puntos de sutura: para juntar las partes que se han separado. Salvo que la herida sea muy grande, hacen su función perfectamente. Las usan en Party porque «entre que les atienden y demás, la herida se ha enfriado y los pobres niños gritan como marranos desollados. Cuando se han pegado el porrazo, les duele todo menos la herida; es que no saben ni localizar el dolor. Pero cuando ya se les ha pasado el dolor, al cabo de una hora, el cirujano decide que va a coser. Y cose... Y los gritos de los pobres, es que no sabes lo que es». Así que en Party tiran de tirita mientras llaman a alguno de los padres. Que esa es otra, si están los padres presentes, es todavía peor. «Nosotras los tranquilizamos mejor.»

Volvamos a T., el hombre récord. ¿Cómo llegó a esa marca? «Estábamos haciendo educación vial con la psicóloga, un simulacro de huida. En un momento dado, los niños empezaron a correr de pared a pared en el patio del recreo, mientras nosotras animábamos a ver quién llegaba haciéndolo todo bien. Entonces oímos ese sonido característico de que el golpe no era tan simple. De repente, se vuelve T. sonriente, quitándose [la sangre], "¿Qué es lo que tengo aquí?" Y yo: "La madre del cordero."» ¿Qué tenía? Un sobresaliente, nueve puntos, «la cicatriz [futura] más grande que hemos tenido». No había tiritas para tanto, así que, aunque doliese después, había que coser.

Tampoco había tiritas para A., que chocó contra otro y se quedó llorando en el suelo. Parecía de esos de los que le dices «A., arriba, cariño, de los que te crees que no ha pasado nada». Pero sí que había pasado, dado que se levantó «chorreando sangre». Es un choque difícil de explicar. Del relato de Ana intuyo que A. cayó sobre su oreja y que la propia cabeza pellizcó el pabellón auditivo de alguna forma, quizás el movimiento dobló el cartílago. El caso es que se levantó con la parte de arriba de la oreja colgando. «El pico ese que tenemos, como si fuera la parte de los gnomos. Pues eso total. Él debió de pellizcarse y chas.» Ana lo explica mucho mejor que yo. «Le quedaba un hilo, nada más.» Contra eso no hay tirita que valga. Con todo, «los momentos más terribles fueron los del cirujano cosiéndole la oreja, pasando la aguja por mi hombro, porque el niño no quería soltarse de mí».

Más difícil de coser tuvo que ser la herida de ese otro que corría a la salida por el patio con una flauta. «Basta que menciones una cosa para que ocurra», pero ¿cómo vas a dejar sin advertir al peque de que tenga cuidado, no vaya a caerse con la flauta? «Quítate la flauta, como te caigas con ella... Te vas a caer.» Dicho y hecho, se ha caído. «Si no le dices nada y no lo miras, no se cae. Pues este igual, en cuanto lo miras, se ha caído. Y se cayó, y al caerse, claro, la flauta dio en el suelo y le abrió el paladar. Hospital, cirugía y veinte puntos en la boca. Espantoso.»

No obstante, lo más espantoso para Ana, «lo que peor llevamos las educadoras, son los niños que al llorar pierden la consciencia». Fui testigo una vez. Un niño se cayó en la puerta de la guardería de mis hijos y se hizo daño en la rodilla. Empezó a llorar con fuerza y, a los pocos segundos, perdió el conocimiento. Lo recuperó al poco, regresó un poco aturdido y en su desmayo se orinó encima. Es un tipo de desmayo que se da en niños de hasta tres años y que se llama «espasmo del sollozo». Es algo relativamente frecuente y, en la inmensa mayoría de los casos, beningno. Esto es, que no pasa nada. Pero asusta. «Porque hay niños que se quedan inconscientes diez segundos, pero cuando te toca uno que está un minuto inconsciente [deja de respirar], y que del color carne pasa al blanco y del blanco al morado, eso ya es espantoso.» Estas pérdidas de consciencia no suelen tener consecuencias, no son graves, por lo que los pediatras recomiendan tumbar al niño, levantarle las piernas y esperar a que despierte. Pero en el caso que describe Ana, cuando el niño empieza a ponerse morado, la paciencia no suele ser aliada. «Sabes lo que le está pasando, pero en verdad tienes un cadáver en las manos. Lo que hay que hacer es que se reanimen ellos solos, como dicen los médicos, pero yo, cuando ya llegan al punto morado, ya no dejamos que se reanimen ellos, los reanimamos nosotros.»

Ana tuvo hace bastantes años un alumno con tendencia a estos desmayos. S. se llamaba, hoy un tiarrón de treinta años con un hijo que, adivinen, tiene el mismo problema. ¿Y a qué guardería decidió llevarlo? Exacto. «S., maldita sea, con lo mal que lo pasé contigo», le dijo Ana, pero de poco le sirvió protestar. «Yo solo me fío de ti», le respondió, así que a Party llegó el hijo de S. Y hace lo mismo que hacía su padre. «El niño empieza ¡ahhhh! [ruido de hablar hacia dentro] y ya está. Pérdida de consciencia, ojos *p'atrás* y ya te digo, del color carne pasa al blanco y del blanco al morado. Y estás ahí con el reloj y todas las educadoras "¡Ay, Dios mío! ¡Ay, Dios mío! ¡Ay, Dios mío!".

Y entonces, ya, cuando ves que el labio se le pone morado, digo "Se acabó la historia". Y le hago lo mismo que le hacía a su padre. Lo tiro al aire, para arriba, para abajo, para arriba, para abajo... Lo lanzo para arriba y lo cojo. Según el pediatra, hay que dejarlos, que ellos reaccionan, hay que ponerle en el suelo de lado, como los ahogados. Pero eso es en un caso normal. Es que este ya ha dejado de respirar hace medio minuto. Yo hasta ese punto ya no, porque ya tengo un cadáver en los brazos.» El método, aunque muy suyo, no le ha ido mal a Ana.

Por cierto, S. tuvo un segundo hijo. Adivinen.

Es petits

A María A., se le presentó un día la ONCE y le pidió que se hiciera cargo de T., que tenía quince meses y era ciego de nacimiento. A T. lo criaron sus abuelos porque sus padres no pudieron soportar la carga de criar a un niño invidente. «Yo le tuve que enseñar a comer, a ir al orinal. Yo le tenía que explicar todo antes de hacérselo hacer. Por ejemplo, le decía "T., coge esta cucharita. Esto es una cucharita para comer" y le cogía la mano para que la tocara.» María no tiene una formación especial para educar a estos niños, pero hace veintitantos años tampoco era tan frecuente encontrar personal especializado. Así que María tuvo que tirar de sentido común. «"T., alerta, cuidado, que hay una silla." Y él sabía lo que era una silla porque yo se lo había enseñado de pequeño.» T. estuvo con María hasta que, a los cinco años, la ONCE lo escolarizó en Palma. Y, pese a todo, no debió hacerlo tan mal María, porque T., ahora «es magnífico con el piano». Y María se emociona mucho recordando que los abuelos le hicieron un regalo por «haber sido una madre para él».

FÁBULA

Como decía Ana, basta que te mencionen una cosa para que ocurra. A Paula le pasó, durante sus prácticas, con una niña a la que habían operado de la cabeza. No es que fuera nada muy grave, pero los padres la alertaron para que cuidara que la niña no se golpease la cabeza. Pues justo. «Estaba la niña corriendo y una educadora abrió una puerta. La niña se pegó en la cabeza con la puerta y rebotó para atrás. O sea, se dio un golpe delante (con la puerta) y detrás contra el suelo. Se dio dos buenos golpes. Y encima la levantamos y se pone a vomitar.» Supongo que en ese momento, como educadora, toda tu vida pasa por delante de tus ojos en un segundo. «Llamamos a la madre para que viniera y cuando llegó, dijo tan tranquila: "¡Ah, no! Lo de los golpes en la cabeza era por si sangraba [por los puntos]. Si no, da igual."»

EL BIBIO

En el caso que hemos comentado antes del niño que quedó atrapado en la reja de Party, les habría venido muy bien la presencia de María Aceites, una de las educadoras de El Bibio. Aurora recuerda que los niños tienen «esa costumbre de meter los dedos, los brazos, lo que sea, en todos los agujeros y sitios insospechados». El agujero del baño donde se puede meter un dedo, un hueco en el respaldo de la silla donde se puede meter un codo, un radiador donde se puede meter una mano... Al parecer, un año fue especialmente intenso en estas meteduras, muchas seguidas en poco tiempo. Fue entonces cuando emergió la heroica figura de María Aceites. «Siempre estaba la misma profe que la terminamos bautizando María Aceites, la encargada de resolver los casos.» La heroína acudía rauda a la cocina, se hacía con su pócima y unta que te unta, lograba siempre desatascar cuanto miembro quedase atrapado. Y encima, «a los niños se les queda una cara, que no lo vuelven a hacer, la verdad, al que le pasa una vez, no le pasa más». Lo que no consiga María Aceites...

«Tengo un paisanín en la nariz.» Así entró a El Bibio una mañana, llamémosle P., alumno de tres años. En Asturias, hay costumbre de decir la palabra «paisano». Un paisano es un señor, una persona de género masculino. Un paisanín, un señor pequeño. «Tengo un paisanín en la nariz», le decía a su profesora, ya en su aula. La profesora miraba y remiraba. «No te veo nada.» «Tengo un paisanín en la nariz», se pasó el día diciéndoselo a su maestra, «muy tranquilo, sin llorar ni nada». «Tengo un paisanín en la nariz», en el patio, en el comedor, de nuevo en el aula. Paisanín, paisanín, paisanín. Tanto empeño puso el chico que la educadora lo comentó a la abuela, que fue la que vino a buscarle ese día. «Lleva todo el día diciéndome esto, pero yo, por más que le miro la nariz, le toco y demás, no le veo nada.» «Tengo un paisanín en la nariz», ahora en casa. Así, hasta que sus padres decidieron llevarlo al médico. Le hicieron unas radiografías y allí estaba el paisanín. «Se había metido por la nariz un paisanín, un muñeco, un conductor de coche.» Un paisano vestido con bata blanca tuvo que sacárselo con unas pinzas. No sabemos dónde dejó aparcado el coche el paisanín.

P. D. Delfina no encontró un paisanín en una nariz, pero un trozo de plastilina sí. Una chinita, que no hacía más que tocarse. «No nos dimos cuenta enseguida, sino porque se tocaba y decía que tenía...» Hasta que la miraron y encontraron algo verde, al fondo, y no era moco. Y a urgencias con la niña, en busca de unas pinzas.

CUCUTRAS

«No hay casi picos, pues los buscan.» Sonia resume perfectamente la habilidad de los niños para abrirse la cabeza con cualquier cosa, sobresalga o no, tenga o no aristas, recta o curva, dura o blanda. En un día de piscina, J. se abrió una brecha dándose con una esquina de la pared. Tuvieron que llevarlo a coser al centro de salud más cercano y convencer al médico de que lo cosiera porque Blanca «no era nada suyo». D. también encontró su hueco para hacerse un puntito en la cabeza y P. fue a tropezarse en el sitio justo para aterrizar con la frente en el canto de un banquito de la clase de dos-tres, banquito donde se sientan de vez en cuando, para comer, por ejemplo, y que tiene unas tablas absolutamente redondeadas.

«H. estaba todo el día detrás de su madre.» Su madre trabajaba en Cucutras. Un día, como tantos, la madre-educadora fue a la cocina a coger los platos con los purés para llevarlos al aula y no se dio cuenta de que su hijo iba detrás. Sacó uno de los platos del microondas, no se dio cuenta de lo caliente que estaba y se le derramó un poco, justo en la cara del niño. «Normalmente lo haces en la cocina y si está muy caliente, dejas que se enfríe ahí y luego lo llevas. Pues con tan mala suerte que ella lo cogió, no se dio cuenta y empezó a chorrear y chorreó en la cara del niño.» «Pero es que se le caía el pellejo», asegura Sonia. Una de sus compañeras urgió a que metieran la cara del niño debajo del agua «ya». En urgencias, un rato después, les dijeron que gracias a ese chorro, al niño no le quedaría marca ninguna. «El error es que se meta un niño en la cocina.» «A lo mejor otro niño no entra, pero tu hijo...»

Blanca no puede olvidar que una vez salvó la vida a un niño haciéndole la maniobra de Heimlich. Y menos aún que no pudo hacer lo mismo en su propia casa con su propia hija. Estaba en la guardería de guardar en la que trabajó antes de tener la suya y una compañera la avisó porque era la única que sabía primeros auxilios. «Un niño se había atragantado con una flema y no podía respirar. Le hice la maniobra y salió. Luego lo llevamos al hospital porque había echado un poco de sangre, que era de intentar echarlo. El médico me dijo que le habíamos salvado la vida.» «Y después le ha pasado a mi hija con un caramelo y no he sido capaz de hacérselo.» Ni siquiera supo recurrir al habitual método de meter el dedo hasta donde sea necesario. «Yo vi a mi hija morada con un caramelo, con dos años y medio, la cogí y me puse a dar vueltas con ella en brazos y no sabía qué hacer. Eso no se me va a olvidar en la vida, no ser capaz de hacérselo a mi hija.» Gracias a su marido, la niña vive. Pero la historia sirve a Sonia para resaltar que en el puesto de trabajo tienen una frialdad

—no todas— que no tienen en otros sitios. «A lo mejor te pasa en otro sitio y no tienes esa capacidad de reacción.»

Ni que decir tiene que algunos de los accidentes que sufren los niños en las guarderías se producen por descuidos de las educadoras. Nadie es perfecto. En Cucutras, una de las profes se equivocó y en el biberón de una puso la leche y los cereales de otro. Con la mala pata de que aquella era alérgica a la leche. «¿Qué le pasa a esta chica, que se está poniendo...?» «La niña se medio ahogaba; era un monstruo.» Blanca, que estaba presente, enseguida reconoció los síntomas porque su hija padece alergia. «Lo que pasa es que tenía, y tengo, la adrenalina en el cole y se la puse.» Maneja ya con soltura Blanca la jeringuilla de adrenalina. Hay que ponerla en una pierna cuando la reacción alérgica les produzca asfixia porque la adrenalina detiene todo proceso inflamativo. «Yo veía que la niña no respiraba, era un bebé, y entonces le pusimos la inyección.» A continuación, llamaron a la madre y la llevaron a urgencias, pero en el hospital les dijeron que todo estaba hecho ya. Según Blanca, que alguna ha puesto a su hija también, después de la inyección hay que pasar por el hospital para un control del corazón porque «no deja de ser un chute de adrenalina». Pero «es facilísimo ponerla». Lo difícil debe ser ponerla en pleno ataque de pánico.

«N. hizo la matrícula, sin problemas; la madre hizo la entrevista, sin problemas.» Y cuando ya iba a entrar en la escuela, la madre habló con Blanca para informarla de que el niño tenía un problema de corazón, concretamente el síndrome Wolff Parkinson White, una anormalidad relacionada con los impulsos eléctricos del corazón que puede causar taquicardias, desmayos y, en casos graves, muerte súbita cardiaca. Había que vigilarle si, estando despierto, de repente «se quedaba como tranquilo y se ponía pálido». El problema es que N. «era blanco como la pared y tranquilo». «¿Cómo veo yo eso?», se preguntaba Sonia, encargada de los bebés. Blanca recurrió a su pediatra y llenaron la escuela de carteles con las instrucciones a seguir en caso de que N. tuviese una crisis de esas tan difíciles de identificar. Pero «el día que nos lo dijo pensé "Por Dios, que se lo lleve". Las instrucciones consistían básicamente en llamar al 112 y explicarle lo que la pediatra había escrito en la hoja de instrucciones: dar el nombre del síndrome, la edad y el peso del niño, «para que los médicos te fuesen guiando mientras llegaban a la escuela». «La pediatra nos dijo que dormido no le pasaba, pero yo pensaba "¿Y si le pasa?" Así que calculaba hora y media, y a la hora y media lo despertaba al pobre.» Sonia estaba mirando el reloj constantemente, hasta que operaron a N. Cuando le operaron, la recomendación era que no se excitara demasiado durante unos días. Y al volver a la guarde, lo primero que hizo N. fue bailar con Blanca. Para que a Sonia le diese un síncope.

QUERUBINES

Tampoco avisaron a Nuria de posibles problemas los padres chinos de una niña hace algún tiempo. «Vienen a apuntar a la niña, le hago la ficha.» En la ficha hay que dejar constancia de si tienen alguna alergia, alguna enfermedad congénita de la que haya que estar pendiente... «Pues eso. ¿Avales? Sí. ¿Enfermedades? No. ¿Operaciones? No.» Admitida. Y Admitida llegó al primer día de clase. «Y cuando la estoy cambiando, la siento en el cambiador y me fijo que en una mano tiene seis dedos. Empiezo a contar: uno, dos, tres, cuatro, cinco, seis.» Es curioso cómo, ante una cosa de estas, no nos fiamos ni de lo que llevamos grabado en el cerebro. La otra mano, lo mismo. «No sé por qué me dio, se me ocurrió. Dije "Voy a ver los pies". Uno, dos, tres, cuatro, cinco, seis. Llamé a las otras chicas.

»—Contadle los dedos a esta porque a mí me salen seis.

»—Anda, anda, que estás g...

»—Tía, que me salen seis dedos.

»Pues oye, una detrás de otra. "Es verdad, que son seis". Seis dedos en cada mano y seis dedos en cada pie. Pues nada, la chica tiene seis dedos.»

Repasada la aritmética básica, pasamos a otra cosa. «El caso es que yo a la niña la veía rara. Le quito el body y tenía una cicatriz, desde el ombligo...» Y Nuria se hace una raya con el dedo desde el ombligo hasta el cuello. «Vamos, una operación de corazón. ¡Y la niña tenía año y medio!»

Cuando vino el padre a por ella, Nuria sacó toda su socarronería.

—Oye, perdona. En tu país, lo de las operaciones y las enfermedades, ¿cómo lo lleváis? Porque me has dicho que no tiene operaciones y que no tiene ningún tipo de enfermedad y tiene seis dedos en cada mano, seis dedos en cada pie y una operación de corazón de cagarse.

—¡Ah, sí! Nada, que nació sin ventrículos, se los reconstruyeron.

—¡Bah! Nada... O sea, de momento, si le da un ataque aquí... Porque lo de los dedos es lo de menos. —Aunque Nuria sospecha que tenían que ver con algún tipo de síndrome—. Pero, vamos, lo del corazón... Más que nada porque si le pasa algo, si la niña se asusta o se cae y de repente se le para el corazón, para saber yo que está operada, poder reanimarla. De qué forma, porque claro, no puedo reanimar igual a un niño que está operado del corazón que a otro que no.

A Nuria deben verle cara de no admitir a niños en su centro a la mínima que tengan algún problema, porque también matricularon en su escuela sin decirle nada a un niño que sufría ataques epilépticos. «Otro, que no me lo dijeron. Estos eran del país.» Ella ha visto ya unos cuantos ataques, no le pilla de sorpresa, pero no todo el mundo ha presenciado uno. Yo, sin ir más lejos. «El niño tuvo un ataque en la guardería, con una de mis compañeras, que no había visto ninguno y claro, casi se sube a la lámpara. Porque claro, se pensaba que se estaba muriendo el niño.» La asustada profe llamó a una ambulancia. «Cuando llegaron, las vecinas preguntando qué había pasado... Porque ya no es que no le pasa nada a un niño epiléptico, se les pasa el ataque y ya está, pero todo lo que se forma alrededor... Al ver una ambulancia en el centro, una patrulla de los municipales se presentó también allí, preguntando qué pasaba...» Unos padres se olvidan de comentar un pequeño detalle a la dueña de una guardería y hay que ver la que se forma.

«Los eché.» ¿A quién, a los municipales? «A los padres. Si no es por el niño epiléptico, pero les dije "Cuando me traigáis las pruebas médicas de lo que el niño tiene exactamente, y del otro, porque me traían dos, yo te acepto a los niños. Pero si ni siquiera me has dicho que es epiléptico".» Sin contemplaciones. «Porque primeros auxilios hacemos siempre, pero es que si el educador sabe que el niño es epiléptico, sabe lo que tiene que hacer. Pero si de repente ve a un niño tirado en el suelo, venga para arriba y para abajo convulsionando, venga espumarajos por la boca, pues como comprenderás, la chica, la compañera, se cagó.»

Otra la trajeron con un problema de corazón, pero esta vez sí que se lo avisaron. Más que nada porque llevaba un maletín de esos con electrodos que van registrando la actividad del corazón y era complicadillo ocultarlo. «Se desmayaba», por eso le habían colocado el aparato. Y el aparato pitaba si el corazón se paraba o si accidentalmente se desconectaba. Cinco meses estuvo la niña en la escuela y Nuria, cada vez que oía un pitido, salía corriendo a verla, a ver si era un cable suelto o un corazón parado. La tenía que poner en una cuna aparte, porque los niños a la hora de dormir tienen sus batallas. «Me tuvo cinco meses con los huevos aquí», yendo corriendo de un sitio a otro, vigilando a una niña que llevaba «una maleta con electrodos, con todo pegado, con la cinta... Superpendiente de ella». «Y cuando ya le quitaron el aparato, se la llevaron de la escuela para meterla en otra.»

Patatas con carne picada casi le cuestan un drama a Nuria. Pensaba ella que el guiso, con carne picada en lugar de trozos, sería mejor para los niños. Pero, entonces, un crío hizo algo a A., la niña que tenía al lado, y esta empezó a llorar y se le coló un trocito. La niña no podía respirar y Nuria comenzó a tirar de manual de primeros auxilios. «Le hice todas las maniobras posibles, para arriba, esternón, espalda... Bueno, yo ya no sabía qué hacerle. La niña negra como el culo de un grillo.» En fin, de ese color la vio Nuria. Lo único que no había probado era la milenaria técnica de meter el dedo hasta el esófago. Así que allá fue, y con éxito. «Le saqué el trozo de carne.»

«Entonces, me entró el tembleque. Me cogí a la niña y empecé a dar vueltas por la calle...» Ya más calmada, llamó a la mamá. «Llévatela al médico porque creo que, al meter el dedo, le he hecho herida.» Nada, ocho centímetros de arañazo en la garganta. «Yo es que metí la mano y dije "Yo esto —el trocillo de carne— lo tengo que pillar. Si le saco los hígados...» No llegó a tanto la cosa. Eso sí, el arañazo en la garganta no se lo quitaba nadie. «Y es más, le dije a la madre: "Que la miren, porque la hostia que le he dado en el esternón, igual se lo he hincado en algo.» Tampoco hubo caso. Eso sí, esa niña, en la guardería de Nuria, no volvió a comer carne picada.

Que nadie entre ni salga del edificio. Es una frase que parece reservada a determinadas escenas de algunas películas. Y, sin embargo, un posible caso de sarampión... La cosa comenzó con una especie de confesión a Nuria.

—Me ha dicho el pediatra que igual tiene sarampión.

—No, mira, igual... O sí o no.

—Ah, no sé.

—¿Y has dado parte a Sanidad?

—No. Lo voy a subir al hospital a ver si le hacen alguna prueba para ver...

—Es que tienes que dar parte a Sanidad para el sarampión.

Pero al final fue Nuria la que llamó al responsable de Sanidad en Soria.

—Doctor. Que aquí hay un niño con posible sarampión.

—Ahora mismo vamos. Que no salga nadie. Y todos con la cartilla de vacunas.

«Hummm... Estupendo.» Nuria se lo veía venir. Me

viene a la memoria, no sé por qué, la que le montaron a la madre de Elliot en su casa cuando descubrieron a E.T. A los pocos minutos, Nuria tenía en la puerta una UVI móvil, médicos con vacunas para todos los niños («claro, por si había alguna reacción a la vacuna, llevarse al que fuera en la UVI móvil). Mientras, Nuria fue llamando a los padres para que se acercaran al centro con las cartillas de vacunación de los niños, «algunos no las tenían actualizadas, vinieron todos asustadísimos». Y Nuria rogando al responsable de Sanidad que se llevara la ambulancia, que le estaba montando un escándalo. «Por favor, doctor. Sácame la UVI de aquí, te lo ruego. Yo hago lo que sea...»

A medida que fueron presentándose los padres, el caos no hacía más que aumentar. Un grupo de padres preocupados por sus hijos en pocos metros cuadrados y con posibilidad de hablar, no hay nada mejor. Pero entonces llega un médico y empezó a sacarlos de allí porque podía haber contagio. «Si entraban dentro de la escuela, los tendrían que vacunar también a los padres.» «Yo, todo esto, así, como cuando viene un famoso: "No paséis, no paséis."» «La UVI en la puerta, y yo "Por favor, doctor. Sácame la UVI de aquí, te lo ruego. Yo hago lo que sea...»

«A todas las empleadas, preguntándoles si habían pasado el sarampión; a las familias de las empleadas, a los padres, que si habían pasado el sarampión... Bueno, un caos.» Que nadie salga ni entre al edificio. Media Soria preguntándose si estaba vacunado, había pasado o no una enfermedad que hace no mucho se dio por erradicada. «Y los médicos poniendo vacunas a los niños en plena escuela. Allí mismo.» Y la UVI, en la puerta, congregando al vecindario a ver qué pasaba, todos en los portales y, ya puestos, a una patrulla de la Guardia Civil. Por si faltaba algo, algún periodista que, además, no se iba a informar del todo bien. «Gracias a Dios que llamaron a la UVI para una urgencia y se fue. Hala, con Dios.» Al final, ningún caso grave, cada padre con su hijo, todos sanos. Eso sí, «todo precintado otra vez». Que nadie entre ni salga del edificio.

«Tres veces he ido al hospital de urgencias.» Con lesiones de los niños. En dieciocho años, no está mal. Una de las veces, la herida fue la hija de Nuria. Otra, D. Otro caso de que basta mencionar una cosa para que ocurra. «D., bájate de la silla. Que te bajes, que te vas a caer y te vas a meter un morrazo.» Pues eso, al suelo. «Pero justo se fue a dar con una ficha, porque estaban haciendo construcciones, en la barbilla. Hala, a la residencia a por puntos.» Mientras llegan Nuria y D. al hospital, la profesora me cuenta que, en caso de accidente, ella no llama a los padres hasta que no tiene un parte médico en la mano. Salvo que la cosa sea grave o lo suficientemente leve como para llamar de camino. «Como madre, si a mí me llaman del colegio y me dicen "Vente a buscar a tu hija, pero no es nada", no me lo creo. Lo que menos pienso es que no es nada. Cuando te llaman por un bebé, te da igual lo que te digan por teléfono, ya te piensas que se le ha caído el ojo.» Ya en el hospital, D. necesitó dos puntos y nada más para escarmentar: «¡Ay, Nuria! Ya me lo decías tú, que me iba a caer» y dejaba a su profe en buen lugar delante de la mamá: «¡Ay, mamá! Ya me lo decía Nuria, "bájate, que te vas a caer".»

La tercera vez que Nuria subió a urgencias se juntó un padre especialmente quisquilloso y un niño, C., que adoraba a Nuria. Tanto la adoraba que no se separaba de ella ni un momento. Tanto, que los padres, que vivían muy cerca de su casa, rodeaban la casa de Nuria para no pasar por delante. Así, el niño no podía ver la furgoneta de colores de la escuela e identificar la casa de Nuria. Por si algún día le daba por escaparse para allá. El caso es que, en la guarde, C. se pilló un dedo con una puerta y se lo desgarró. «Se lo pilló porque estaba en un sitio donde no tenía que estar. Como estaba todo el rato detrás de mí como una ladilla, se vino detrás de mí al baño de las educadoras y se pilló con una puerta.»

Había que llevarlo a urgencias y aquí es donde entra el padre quisquilloso, que, por cierto, trabajaba en el hospital. Nuria no quería encontrárselo por nada del mundo, porque veía que buen follón iba a montar. Entre otras cosas, porque el niño estaba donde no tenía que estar cuando se pilló con la puerta. Siguiendo su costumbre, ya en el hospital Nuria se puso en contacto con la madre. «Estoy en urgencias con C. No he querido llamar a tu marido, que sé que está en consulta, porque como es tan...» «No, no le llames, no le llames», apostó la madre.

Tanto quería C. a su maestra que no dejaba que nadie le tocase su dedito lastimado. «No me dejes, no me dejes, cúrame tú», le decía el niño a Nuria antes de que la enfermera les enviase a hacer una radiografía. «Vamos a radiografía, lo van a meter y el niño empieza a llorar: "¡No me dejes, Nuria, mi amor, no me dejes!" Agarrado como una lapa. «Pues nada, ya me hago yo la radiografía con él.» Ha estado Nuria tantas veces en rayos X que le van a tener que hacer un delantal de plomo con su nombre.

—A ver, bonito, pon la mano así. —C. seguía sin querer que nadie le tocase, salvo su profe.

—A ver, ¿cómo la tiene que poner? Házmelo a mí.

—Así.

—Venga, C., cariño, pon la mano así.

—¡Ay, mi amor, qué mal lo voy a pasar!

Bueno, tampoco fue para tanto. No hubo que lamentar daños óseos. Y, sobre todo, no hubo que coser, porque, según se estaba poniendo la cosa, a Nuria le iba a tocar la aguja y el hilo. Sí que le tocó hacerle la cura y vendarle la mano, porque nadie podía acercarse a C. «Todo esto, agarrado a mí como un mono.»

Agarrado lo tenía y se lo llevaba para el cole cuando, recogiendo los papeles, se topó con el padre quisquilloso. Ya iba a comenzar el interrogatorio cuando las enfermeras salieron al quite: «Si no llega a venir la profesora de la guardería, a tu hijo le tenemos que cortar en dos para poderle curar, porque era imposible.»

Nuria tiene relación con la Cruz Roja. A veces, a través de esta ONG, le han llegado niños con problemas para que les hiciese un sitio en su escuela. Una vez, le llevaron una niña, hija de una inmigrante congoleña. Nuria tiene que cerciorarse de que realmente puede hacerse cargo del niño en cuestión, así que puso el acento en que la pequeña tenía síndrome de Down . «La madre, la pobrecita, me decía "No, no. Voy a médico, curar, curar".» Pensaba la mujer que su niña podía recuperarse. «A ver cómo le explico que lo que tiene su hija no se cura», pensaba Nuria. En los días siguientes, en varias tardes, Nuria logró hacer entender a la mujer que lo que tenía su hija era para siempre. «Me decía "Llevar a médico y curar" y yo "Que no, hija, que no, que esto no". Y todos los días diciéndole que la niña no se podía curar. Hasta que una tarde me senté con uno de Cruz Roja y entre los dos le explicamos que el síndrome de Down no tiene cura y que la niña va a estar así toda la vida sí o sí. Cuando ya lo entendió definitivamente, le decía: "Mira, lo que tienes que hacer es llevarla a un especialista, a ver si tiene algún problema más, y para confirmar que se trata de síndrome de Down», aunque Nuria estaba segura. Y la advirtieron «por si la chica quería tener más hijos. "Si te quedas embarazada, tienes que saber que puede venirte otro"». Y eso también lograron hacérselo entender.

«La verdad es que ese niño... Tenía unas pestañas que le daban la vuelta a las cejas. Guapísimo.» Así recuerda Nuria a D., un niño que acudió a su guarde y que era autista. A los dos años y pico, D. aún se movía arrastrando el culete, nunca gateó y tenía algunas de esas conductas típicas de los autistas, repetitivas o con las que se causaba daño a sí mismo. «Era guapísimo, la verdad es que tenía unos ojos... Yo es que... Además, cuando te miraba, porque a mí siempre me miraba, no miraba a su madre (también es habitual en los autistas).» D. era el segundo de tres hermanos, «el mayor era precioso, cargaba con los otros dos», y Nuria tuvo la suerte de que D. quisiera comunicarse con ella. «Con su madre apenas se comunicaba, pero conmigo sí. Para comunicarse conmigo me cogía las manos. Me cogía las manos para acariciarme, me quería acariciar él, pero con mis manos, nunca me tocaba [salvo las manos].» Nuria tuvo la suerte de poder contactar con él, aunque eso también tuvo sus contrapartidas: como no tenía buena relación con la madre, a Nuria le tocó en más de una ocasión ir a su casa para bañarlo. «Su madre no lo podía bañar.» «Era un niño grandote. Tengo grabados sus ojos y sus pestañas.»

Los niños no son los únicos que se accidentan en Querubines. Nuria tiene epicondilitis, más conocida como codo de tenista, por los dieciocho años que lleva dando de comer a niños sentados a las rodillas. «Pero de no poder mover el brazo, a veces.» Al coger al vuelo a un pequeño paracaidista que ensayaba desde una trona, tuvo dos esguinces de muñeca. «Me han roto la nariz dos veces», aunque no se le nota. «Se estaban peleando dos, fui a separarlos, cogí a uno, y de un cabezazo... No he vuelto a separar a ningún niño, ¿eh?» Tiene alergia a las babas de los bebés, que desarrolló tras su embarazo. Y le salen como verrugas en la barbilla cuando los bebés se lanzan a morderla. «Y como me salen en la barbilla, hay veces que parezco la bruja, me las tengo que quitar con láser.» Perdió la vista de un ojo por estrés, cuando gestionaba una escuela infantil municipal en Guadalajara. «Cuando trabajas con Ayuntamiento siempre estás que si alcaldes, que si concejales... Y acabas...» Y acabo.

FANTASÍA

No llevaba Javier mucho tiempo trabajando cuando topó en clase con N., N. y P., a las que he bautizado como Las tres N., tres hermanas trillizas que llegaron a la escuela con tres añitos y a las que los padres quisieron mantener juntas en la misma clase. En el caso de gemelos, mellizos o trillizos, cuando los niños llegan a la edad escolar, se suele optar por separarlos, porque si están muy unidos el uno al otro pueden desarrollar una especie de dependencia recíproca que les lleva a relacionarse poco con los demás y refugiarse siempre en el hermano. Sin embargo, cuando están en la guardería, la separación no es tan común. Así se consigue que su desarrollo sea paralelo y no haya grandes diferencias entre ellos. En el caso de estas tres, la madre se negó en redondo a separarlas. «Se planteó la posibilidad, pero podíamos volver loca a la madre porque habrían sido tres educadores, con tres criterios distintos, tres niñas en diferentes sitios... Si ya tardas veinte minutos en dejar a una en clase, imagínate con tres.»

El caso es que las tres N. eran «unas lagartijas». Eran prematuras, como es habitual en los trillizos, y habían pasado algún tiempo en la incubadora, donde «las tenían que estimular». Así que llegaron a la escuela muy estimuladas. «No paraban. Un día llego a la clase y no las encuentro, pero no las encuentro por ningún lado. Empiezo a oír unas risitas, ji, ji, ji, pero sigo sin encontrarlas.» Javier había dejado la ventana abierta porque era cerca del verano, pero había bajado un poco la persiana. «Habían trepado a la ventana y, subiendo un poco la persiana con la mano, se habían colado entre la persiana y la reja. Las tres muertas de risa.» La madre solía decir que, con que sus hijas estuvieran acostadas a las once de la noche, ella sería feliz.

Sin embargo, fue solo una de ellas, y durmiendo la siesta, la que tuvo el percance que hizo que Javier saliese de clase corriendo con la niña bajo el brazo camino del ambulatorio de al lado. «Estábamos en la siesta, N. tuvo una flema, la respiró y comenzó a asfixiarse. Con tan mala suerte que, además, tuvo un subidón de fiebre y empezó a convulsionar.» La formación y prácticas de primeros auxilios que incluye la formación de un educador infantil se quedó en nada en este caso. «No lo pensé. No me daba tiempo a llamar al ambulatorio, no me daba tiempo a llamar a una ambulancia, no me daba tiempo a nada. Lo único a que me daba tiempo era a cogerla en brazos como un gatillo, boca abajo para que la flema pudiera salir y no se metiera más adentro, pegar un grito en la escuela y salir corriendo al centro de salud, que estaba enfrente. Y a la primera bata blanca que encontré, le dije «Tome, haga algo con esto porque yo ya no sé qué hacer».

Javier veía que la niña llegaba muerta. «Luego no es verdad. Si hubiese tardado un minuto más a lo mejor no habría pasado nada.» ¿Y quién es el valiente que se para a comprobarlo? «Luego llegaron los médicos, aspiraron la flema mediante una sonda, ventilaron, la reanimaron...» Y todo quedó en un susto y ahora N. sigue dando guerra (bastante) con sus hermanas. «No me planteé intentar reanimarla. Uno tiene su formación, pero no me lo planteé. A lo mejor en otros casos que puedes controlar más, sí que llamas a una ambulancia o te planteas otras cosas. Una vez tuvimos un caso de una niña que se desmayó y llamamos a una ambulancia y daba la casualidad de que en aquel momento había un papá que era enfermero, nos acompañó... Pero en otras no te lo planteas, sabiendo que tengo una niña a punto de morir no me lo planteo. ¿Tú sabes el susto, que empezó a convulsionar, a dejar de respirar, empezó a temblar de aquella manera...? Una niña de dos añitos. No me lo planteé, cogí a la niña y salí corriendo.» Del centro de salud se la llevaron a un hospital, donde le hicieron más pruebas, la dejaron ingresada un par de días. Cuando todo terminó, Javier casi se desmaya.

Al cabo de un par de días, N. regresó al cole. El cruce de miradas entre ella y Javier debió ser antológico. «La miras como diciendo "Tía, qué susto me has dado". Y ella te mira. Y luego sí que es verdad que hay una mayor vinculación.

No puedes, no deberías, pero es inevitable.» Y tras un episodio de estos, Javier se plantea «¿Realmente compensa esto?». Debe ser que sí, porque ahí sigue.

NANOS

Desde que tenía un año, G. estuvo en la escuela de Delfina. G. era un caso de ano imperforado. Es decir, que nació sin ano. Pese a ello, con pocos meses, G. estuvo un par de días en adaptación, pero era demasiado complicado, teniendo en cuenta que el niño cargaba con un tubito que salía de la barriga por donde evacuaba en una bolsita. «Son demasiados cuidados porque todo eso tiene que estar esterilizado», hay que cambiar la bolsa, etcétera. Así que finalmente los padres decidieron esperar a que se sometiera a la cirugía con la que se soluciona este problema. Eso sí, en cuanto estuvo operado, a la guarde otra vez. «Caminó en la guardería.»

Durante una temporada, al igual que sus compañeros, G. usó pañal, pero llegó el momento en que, como el resto, prescindió de él. «Le quitamos el pañal en la guardería y bien, lo que pasa es que tenían que averiguar si lo controlaba, porque como era artificial, o sea, como se lo habían hecho...» Delfina comentaba a la madre sus dudas sobre si el niño pedía ir al baño por costumbre o porque realmente tenía pleno control, si era realmente capaz de identificar correctamente sus sensaciones. «Eso solo lo puede saber él, es su cuerpo.» Pero G. se fue al cole, y se fue sin pañal.

SUSANA. CÁDIZ

Al hilo del episodio que viene a continuación, Susana apunta, sin decirlo, que hay dos tipos de niños: los que te hacen caso, tipo 1, y los que no, tipo 2. Ella lo cuenta más bonito. «Estábamos en el aula-taller de matemáticas y teníamos un mueble grande donde guardábamos cosas. No recuerdo qué estábamos haciendo cuando uno de los niños se subió a una silla. Empezamos a decirle lo típico: "No te subas, bájate de ahí, ahí no se sube, en la silla no se sube" —hemos visto que basta que se mencione una cosa para que ocurra—. Hay algunos que... Siempre está el típico que se sube (tipo 2) y el típico que le dice que no se suba, que sigue lo que tú dices (tipo 1).» A veces, los sujetos de tipo 1 tienen tan, tan, tan buena intención, que se exceden y terminan por provocar el accidente que tratan de evitar. «Llegó el pobre con toda su buena intención y quiso bajarlo de ahí, pero bajarlo a la fuerza. Le pegó un empujón y el otro el pobre pegó un coscorronazo contra el mueble que se le abrieron, creo, cinco puntos de sutura en la cabeza.»

Las heridas en la cabeza suelen sangrar abundantemente, incluso a borbotones. Es precisamente lo que pasó en este caso y puede que fuera eso lo que dejó paralizada a la compañera de Susana. «Aquello empezó a echar... Claro, la presión de la sangre, aquello a chorros, sch, sch, sch. Mi compañera, la pobre, al principio se quedó... No sabía por dónde cogerlo, se quedó parada, fría, quieta. No supo en esos segundos reaccionar. Yo, creo que tenía una toallita en las manos, cuando vi al niño que le salió un chorronazo, taponé enseguida. Ya mi compañera saltó y dijo "¡Huy, gracias!". No se lo esperaba.»

Susana estaba en las prácticas en ese momento y la compañera era la tutora del grupo y tenía «tablas» de sobra, pero no supo reaccionar. No en ese momento, al menos. Lo cual, lleva a Susana a reflexionar: «Hay gente que a lo mejor no sirve para este trabajo, o sirve, pero no es lo que se espera. No todo es "Qué bonitos son los niños". Hay que tener otra serie de cualidades. Una de ellas, por ejemplo, es la sangre fría.»

«Que venga una ambulancia ya», pensaba Susana mientras pasaban los segundos y A. se iba poniendo morado. A. había sufrido un *shock* de una manera un tanto rebuscada. Uno de los niños, A., «estaba girado de espaldas a otro, se dio la vuelta y justo cuando terminaba de dar la vuelta, el otro le empujó. Entonces, no cayó de culo, cayó en plancha hacia atrás y se quedó [sin respiración] morado, se quedó morado en el suelo, no reaccionaba, casi ni respiraba». Mientras levantaba las piernas al chiquillo, empezó a llamar a su compañera en busca de ayuda. «El niño morado, los labios morados, la vista perdida.» Suspira Susana, recordando. «Ahí sí que dije "A ver qué hacemos aquí. Por Dios, que venga una ambulancia ya". Fue exagerado.» Levantó un poco al crío para que reaccionara, le pegó «un poco así un poco en la cara, un par de... Así, flojito, para intentar espabilarlo», mientras, al tiempo, gritaba ya a su compañera «¡Por Dios!», de nuevo al niño y de vuelta a la compañera «Trae... ¡Llama a una ambulancia!», y al niño, otra vez, y por fin a la compañera «¡Llama, por Dios!». «Ya estábamos las dos muertas, hasta que el chiquillo empezó como a reaccionar, empezó a perder un poco el color morado, empezó a mover ya los ojos.» No le dio tiempo a la compañera a llamar a nadie, debieron ser unos pocos, eternos, segundos. Y ahora ya sí: «Vámonos al hospital de urgencias, ¡PERO YA!» Y no fue nada, nada más que el susto, «del mismo golpe se quedó en estado de *shock*». En urgencias le hicieron rayos, pruebas, lo estuvieron mirando, recomendaron veinticuatro horas de observación, vigilancia por si vomitaba, por si se quedaba dormido sin venir a cuento... Y nada más, suficiente para que Susana resople. «Algunas veces da miedo, esto es una responsabilidad muy grande. Los médicos salvan vidas. Y yo...»

Responsabilidad. Sangre fría. Javier ya me había hablado de esto. Y Blanca. Ella no la tuvo, la frialdad, para sacar un caramelo de la garganta de su hija con un movimiento que dominaba y con el que ya le había salvado la vida a otro niño, un día que sí la tuvo. Javier la tuvo para no entrar en pánico, coger a una niña en brazos y sacarla corriendo de la escuela hacia el centro de salud que había enfrente para que alguien con una bata blanca la hiciera respirar. No todo el mundo vale, aunque no lo sepan desde el principio y aunque adoren a los niños. A veces hay que hacer frente a estos accidentes. «Hay compañeras que no han podido o sabido mantener la calma.»

Javier es consciente, y así lo dice a los padres a principio de cada curso, de que todos los años ocurre algún accidente. «Eso es así, y en esos momentos hay que mantener la sangre fría.» Los padres de los niños de Javier firman un documento para que los niños no salgan del centro bajo ningún concepto, pero «luego lo mismo no te queda más remedio. Porque hasta que llamas a la ambulancia, viene, no sé qué, puedes tardar menos en sacar tu coche».

«La responsabilidad es brutal», dice Susana. «Y es que encima te lo llevas a casa, es un trabajo que te lo llevas a casa. Porque cuando ha ocurrido algo, te dices "¿Podría haberlo evitado?". Evidentemente, todos los casos no se pueden evitar, a lo mejor pasan en una cuestión de abrir y cerrar los ojos, un parpadeo. Yo no soy Dios para evitar esos casos. Eso es lo que da miedo. A mí, eso es una cosa que me da miedo.»

Y esa responsabilidad no todo el mundo está dispuesto a asumirla. Hay educadoras que se niegan a poner inyecciones o cánulas o a administrar ciertos medicamentos. «A veces nos ponemos muy tontos, los profes. Hay niños que convulsionan y te vienen [los padres] con una cánula para que no convulsionen o niños que son alérgicos y te vienen con adrenalina y hay profes que dicen que no lo ponen porque ellos no son facultativos y no es su función. Pero no deja de ser una situación posible. Yo prefiero poner una inyección de esas que le salve...» Javier asistió a un curso para aprender a administrar estas inyecciones y alguien sacó el tema de que los educadores no están autorizados. «Es que le salváis la vida», decía la doctora. «Y luego está el tema de la denegación de auxilio», que es delito. Si es mi caso y es mi hijo el que depende de esa jeringa, sinceramente, por mi parte, que se la pongan. Además, como decía Blanca, «es facilísimo».

LALA LUNERA

María padeció uno de esos casos que te ponen un nudo en la garganta. Eran dos mellizas, que entraron juntas a la guarde. Cuando llegó el tiempo, una de ellas comenzó a andar, «iba, venía, reaccionaba». La otra, en cambio, todo lo contrario. «Qué vaga es esta niña», decía su madre, médico. «No andaba. Se sentaba y siempre quería estar con una gasa de esas que tienen un muñeco puesta en la cara y como lloriqueando.» Hasta que un día, el ángel de la guarda quiso que tuviese una gastroenteritis fuerte. A raíz de la gastroenteritis, le realizaron alguna prueba, «TAC, resonancia o no sé qué le hicieron» y le detectaron un tumor cerebral. «Se la llevaron en ambulancia al 12 de Octubre, en Madrid, que creían que no llegaba viva.» La operación fue bien y, gracias a la extirpación, la niña comenzó a andar. «Claro, la oprimía tantísimo el tumor que no la dejaba andar. Y la niña estaba siempre con la gasa en la cara, quejándose, porque por lo visto tenía unos dolores de cabeza bestiales.» Sin embargo, la recuperación, hasta el cierre de este libro, no ha sido completa y la niña sigue en tratamiento de quimioterapia. A la hermana la tuvieron que sacar del centro porque cualquier enfermedad que trajese de la guarde puede afectar a su hermana. «La madre estaba convencida de que volverían, hemos tenido la foto en la percha hasta hace nada, pero ya se ha dado cuenta de que no puede. Es muy triste, muy triste, un sufrimiento muy grande, un disgusto... Madre mía, la pobre...»

CAMPANILLA

Uno de los retos que los educadores se pueden ver obligados a afrontar es el manejo de niños hiperactivos. Pilar tiene experiencia con ellos, incluso de algunos que estaban medicados. Normalmente, la hiperactividad se diagnostica entre los cinco y los seis años, que es la edad en la que, en su caso, se les administra un tratamiento. Aunque también pueden estar tratados antes, como es el caso que se encontró Pilar, un pequeño de cuatro años. Y antes de entrar en profundidad en uno, el de J., dejo que Pilar cuente cómo es convivir con uno de esos niños que no paran un momento.

«Está medicado porque no puede estar sentado durante un tiempo igual que el resto, haciendo las fichas o lo que sea. La concentración es prácticamente nula, prácticamente, está todo el día levantándose, dándote abrazos, moviéndose de un lado para otro...» ¿Y cómo se maneja un niño así? «Hay que tener muchísima paciencia, muchísima paciencia. Vamos a ver, no pueden estar mucho tiempo jugando a lo mismo o haciendo lo mismo porque se cansan, tienes siempre que tenerlo con unos hábitos prácticamente iguales. Muchas veces, cuando lo sacas del hábito, por ejemplo, cuando ya está terminando el curso, que ya no haces lo de siempre, sino cosas diferentes o sales de excursión o lo que sea, se desubican.» Y cuando se desubican, buscan cómo satisfacer su inquietud como sea, con lo que sea, con quien sea.

«Cuando están trabajando o jugando en el aula, se cansan mucho, y cuando lo hacen, tienes que cambiarle de juego o de actividad. Cuando ves que ya se te está yendo, vuelves a cambiar el juego. Así consigues que esté algo más tranquilo.» Su tranquilidad depende de que hagan algo que les interese, pero ese algo no suele durar, entonces hay que cambiarlo. Siempre hay que tener balas en la recámara, siempre algo preparado para que cambie su actividad. Así, «dentro de su hiperactividad, no demuestra tanto su nerviosismo, porque tú le estás cambiando la actividad y no la está buscando él». Cada juego o tarea distinta «es algo nuevo y entonces se centra en lo nuevo». Durante un tiempo, al menos, aunque sea corto.

«En cambio, si lo dejas jugando, llega un momento en que se agobia. Necesita otras cosas, otros estímulos. Si no se las das, las va a buscar él. Y entonces, a lo mejor, va a hacer algo: subirse a la mesa, agarrar a otro...» Aunque tuvo su experiencia en una escuela infantil, Pilar trabaja ahora en un colegio de primaria, a partir de los tres-cuatro años. «En el colegio, por ejemplo, hay fichas de lectoescritura, de caligrafía... Entonces, al niño se le da una ficha, pues ahora colorea, y ahora volvemos a hacer la ficha de caligrafía, ahora pintamos con ceras, ahora con plastilina... Para que no se esté moviendo y para que no busque él mismo sus cosas o su manera de hacer las cosas. Si no, te desbarata todo, la atención de los demás, todo.

«Supongamos ahora, Pilar, que se te ha ido, que se ha cansado de una actividad antes de lo previsto o que ni siquiera ha logrado captar su atención lo suficiente. ¿Qué hará?» «Eso depende mucho del niño, pero los hay que se distraen ellos mismos en su mundo, otros que cogen algo y se lo meten en la boca —suelen calmar su nerviosismo con algo en la boca—, hay otros que se ponen a correr por clase, se asoman a la ventana, se suben a la mesa, están encima de ti...» En concreto, el niño de Pilar se levantaba e iba hacia ella, le decía «No quiero hacer eso», se enfadaba consigo mismo, «Quiero ir al baño», «Quiero ir allí», «Quiero ir allá»... «Te cogen las cosas, te lo tocan todo, van a por el material, lo sacan, lo meten... Todo movimiento, todo actividad. Todo lo que pueda hacer un niño en un momento dado, pues un hiperactivo más. Te rastrean el bolso, sacan las pinturas... Y eso es lo mejor que te pueden hacer, porque pueden coger las tijeras o un punzón. Hay ciertos materiales que tienes que tener muy protegidos.»

Cuando están medicados, además, pueden ponerse malos y que los fármacos para el catarro, por ejemplo, no sean compatibles con los de la hiperactividad. En ese caso, a lo mejor tienen que retirarle el tratamiento calmante. «Al cabo de unos días, porque no es inmediato, a los niños se les nota muchísimo más nerviosos, muchísimo más activos.» Igualmente, cuando lo retoman, no sienten el efecto inmediatamente. «Hasta que hace efecto otra vez, es una semana o dos que se nota que se lleva de otra manera. Si ya no hace las actividades propuestas con la eficacia que podría tener de normal, tienes que tener muchísima más paciencia, hay más nerviosismo, más lloros. A este, en concreto, le daba mucho por llorar, por enrabietarse. Es complicada la hiperactividad.»

Punzones. Un niño hiperactivo y un punzón. «Tuve un crío que era muy movido. Era hiperactivo y estaba medicado.» «Muchas veces hacía mucho la puñeta a los demás», así que sus compañeros de clase ya lo conocían, sabían de sus andanzas, de lo que podía ser capaz. De todo lo que hemos visto antes. Toda esa experiencia salió a relucir un día que tocaba punzar. Con los punzones. «Estábamos haciendo una actividad con punzones y el niño hiperactivo se levantó con un lápiz en la mano. Un amigo que estaba al lado, que sabía que el otro era pegoncete y tal, pensó que lo que llevaba en la mano era un punzón y...» Y empezaron a sonar los violines de *Psicosis,* ñic, ñic, ñic, el asesino dirigiéndose a contraluz, la cara oscura, con la mirada fija en la víctima, el brazo alzado con el arma homicida... «El otro niño empezó a chillar "¡Que me quiere pinchar con el punzón! ¡Que me quiere pinchar con el punzón!" Vino hacia mí asustadísimo porque pensaba que el otro le iba a hacer alguna cosa con el punzón. Porque, claro, el otro iba con el lápiz, pero se pensaba que le iba a atacar con el punzón, cuando en realidad...» Pilar se levantó corriendo, detuvo al pequeño delincuente, «pero era un lápiz», no iba armado.

«A un niño hiperactivo no le puedes dar un punzón y dejarlo a su libre albedrío. Si vas a hacer una actividad con él con un punzón o unas tijeras, tienes que estar con él y, cuando termine, retirarle el material para que no pase esto. A mí me extrañó mucho que llevara el punzón, pero claro, un niño hiperactivo es un segundo...»

O mucho tiempo, como el caso que veremos a continuación.

EL NIÑO QUE PEGABA

Uno de los recursos con los que he tratado de avivar la memoria de quienes me han ayudado ha sido una pregunta muy simple: ¿En algún momento habéis pensado «¿Cómo se me ocurrió meterme en esto?» A esta pregunta, además de algunos accidentes, Susana, de Cádiz, me contestó con un largo relato que intentaré reproducir a continuación.

Es un caso que, durante muchos meses, le hizo cuestionarse su propia valía, le llevó a pensar en cambiar de trabajo, le produjo miedo, le quitó horas de sueño. Incluso se vio en la cárcel. Con historias como esta se entiende también muy bien la dimensión de la responsabilidad que asumen estos profesionales cuando acogen en sus manos a nuestros críos, en particular cuando no queremos ver determinadas cosas.

Susana había empezado trabajando con bebés, pero realmente su primer grupo como tutora, superado ya su periodo de prácticas, fue el de los medianos, la clase de uno a dos años. «Me gusta bastante esa edad, me llamaba bastante la atención. Digamos que es en la que más se ven los cambios: está el niño que gatea, que empieza a andar, empieza a comer pasado, luego entero... Hay más cambios, se ve más una evolución.» Perfecto para empezar como tutora. Y más cuando entre los niños que pusieron a su cargo había viejos conocidos, con los que ya había trabajado durante sus últimos meses en prácticas. Entre ellos estaba J., «un niño muy particular». Susana lo conocía desde los seis meses, cuando, siendo un bebé, entró en la escuela.

Sin embargo, a esa edad no todo son ventajas. A la vez que los cambios que hemos visto, alrededor del primer año comienza también en los niños un periodo en el que se producen abundantes agresiones físicas. Mordiscos, arañazos, empujones, tortazos, pellizcos. Una delicia. Susana excluye los mordiscos, que pueden ser una muestra de afecto descontrolada. «Hay bocados que expresan cariño a pesar de todo porque todavía no miden sus fuerzas, no controlan la boca, te endosan el bocado y realmente te están dando un beso.» Bueno. En cualquier caso, en esa edad «pasan de ser el centro de atención y tener únicamente relación con la persona que les va a coger —padre, madre, educador, familia...— a darse cuenta de que hay alguien más, otros niños, a los que también cogen. Ahora los pueden ver ya directamente porque ya están sentados, ya se levantan». Su horizonte se amplía. Esos otros niños «tienen los mismos intereses, tienen un juguete que al niño también le gusta y le atrae». Por eso suele haber muchas agresiones. «Pero siempre hay un motivo: puede ser un juguete, puede ser un espacio, puede ser que en un momento determinado tú des un abrazo y venga otro y en un ataque de celos le meta un golpe al otro.» En fin, asumido.

J., cumplido el año, se liaba a golpes con cualquier compañero con cualquier excusa. Lo normal. Pero J. era un niño «muy particular». En su caso, una particularidad consistía en que la excusa, al final, no era excusa ni era nada. Si la tomaba con uno que tenía un juguete, en realidad no estaba interesado en el juguete. «O sea, había un niño jugando y a lo mejor él estaba jugando, pero se levantaba, iba, empujaba al niño y le importaba tres pimientos el juguete; iba a otro y volvía a empujarle, iba a otro y lo empujaba y a lo mejor te enganchaba seis niños seguidos.»

Otra particularidad: «Iba siempre a por los niños que más sonaban.» Por ejemplo, esa niña a la que su madre apodaba, por su timbre llamativo de voz, «la sirena de astilleros». Guasa gaditana. «Se llevaba todo el día sonando, la pobre mía, porque el otro, cada vez que la pillaba, le daba unas que no veas.» Sin embargo, las regañinas o la silla de pensar tampoco tenían demasiado efecto en J. Cuando Susana le reprendía con los «No se pega», «Se dan besitos», «Pobrecito, mira que...», el crío la miraba y se reía.

Susana relata algún ejemplo de estas agresiones. Como aquella vez que, mientras ella cambiaba un pañal, J. cogió a un compañero de los pelos —«no se podría decir a traición porque partimos de la base de que los niños no tienen maldad, pero sí, por detrás»— y empezó a pegarle golpes en la cabeza contra la vallita de madera que separaba la zona de juegos de la clase de la zona de descanso o comedor. «¡J., quieto! ¡J., que no!» De nada servían las voces, ni siquiera las más escandalosas: «¡Que no, J., que no, que no se pega!» «Me miraba y se reía, pasaba de mí.» Por fin, dejó lo que estaba haciendo y abortó la agresión. Pero cuando se dio media vuelta, vuelta J. a lo suyo: «Tenía otra vez al mismo niño en el mismo sitio, cogido por los pelos y haciendo exactamente lo mismo.»

En esa tesitura, a Susana le empezaron a surgir dudas sobre los motivos del niño y sobre el propio trabajo. «"¿Tendré cara de no enfadada y le estaré mostrando que me estoy riendo? No, no me estoy riendo. Aquí nadie se está riendo. O sea que no sé a qué viene que se ría. ¿Me estará desafiando? Es que no llego a entenderlo, no llego a conectar." Con un niño puedes tener una conexión, puedes más o menos llegar a intuir lo que está pensando en un momento dado, tienen un pensamiento básico. Y yo miraba a ese niño y pensaba: "Pero ¿por qué hace eso? ¿De qué se está riendo? ¿Se ríe porque le parece gracioso lo que ha hecho o porque me está mostrando lo bonito que es lo que ha hecho? Es como si no supiera qué está bien y qué está mal."»

Por lo general, a esta edad, los cambios en los niños son muy rápidos. Tan pronto les da por hacer una cosa como que, sin más, dejan de hacerla. Pero J. persistía. Quince meses, dieciséis meses... Siempre igual, todos los días, a todas horas. Ni siquiera se produjo un cambio cuando nació su hermanito. «Normalmente, a los niños, cuando hay cambios en casa, sobre todo cuando viene un hermanito, se les nota un cambio. A mejor o a peor, una regresión o una evolución, pero un cambio. En este caso, J. se quedó taaaaaal cual. Siguió teniendo la misma actitud hacia los demás.» Pegaba, empujaba, se tiraba encima de alguno, apenas seguía las actividades de la clase, apenas jugaba. «No se entretenía con casi nada o el tiempo que estaba era mínimo. No era capaz de centrarse, no era capaz de sentarse y hacer dos rayas. Se tiraba mucho tiempo tirado en el suelo, se comía lo que encontraba. Si había alguna miguita, pelusas... Había que estar pendiente de que no se metiera nada en la boca. Si no, le daba la pelusa a otro para que se la comiera, pero dársela por narices.»

«Era muy raro, era muy raro.» Y siguió siéndolo en el curso siguiente, ya rondando los dos años. Entonces, las agresiones «iban a peor, eran cada vez más bruscas», a medida que J. iba ganando en fuerza, agilidad y estabilidad. «Si estamos hablando de que con un año y medio era capaz de tumbar a un niño que le sacaba media cabeza, con dos años tumbó a uno que le sacaba dos. Iba uno en un triciclo, era el doble que él. Bueno, pues cogió la rueda trasera del triciclo y lo tiró de lado. Todo para verle dar vueltas a la rueda, que era con lo que se entretenía. Cuando íbamos al patio, en vez de montarse en la bici, le daba la vuelta para ver girar la rueda, tuviera niño o no.»

Parecía claro que había un problema. Susana empezó a dar vueltas a una posible hiperactividad. Pero es muy difícil diagnosticar la hiperactividad en niños menores de cinco o seis años. Tal vez J. fuese un chico movido sin más. El caso es que no dormía bien, o al menos eso refería la madre en los breves intercambios con Susana al recoger al crío; no se sentaba el tiempo que parecía normal —menos aún si se tiene en cuenta que J. acudía a la guardería desde los seis meses, «que ya la compañera de los bebés los va estimulando para que estén algún tiempo sentados, para que vayan entreteniéndose con cosas»—; no era capaz de concentrarse en algo; y, sobre todo, continuaba con sus agresiones.

Si todo esto no fuese suficiente, al comienzo de su último curso en la guardería, J. —y Susana— se encontró con una nueva sorpresa. «Ese año me había entrado una niña que, nada más verla, dije: "Aquí hay problemas también." Parecía un poco autista, huía de los niños, no quería que nadie se acercase, es más, entraba en pánico si alguien se acercaba, y estaba siempre como en las nubes, dando vueltas y en las nubes.» Se llamaba L. Por un lado, un niño que pega, empuja, tira, hace llorar. Por otro, una niña huidiza, con problemas de socialización. «Yo vi que ahí en verdad iba a tener un problema.» En realidad, lo que tuvo fue un comienzo de solución. Volveremos a ello.

Antes, Susana tuvo el episodio que la empujó definitivamente a tomar medidas. Por su salud y la de los demás. Mientras en el aula de psicomotricidad cambiaba los pañales a los niños, algo que se hace en varios momentos de la jornada en todos los centros, puso música y dejó a los pequeños unos aros para que bailasen. «Por poco me salen caros.» Tiró J. su aro y se fue a por una niña que estaba jugando tranquilamente con el suyo, trató de quitárselo, la empezó a pegar. Susana había probado en algunas ocasiones la estrategia de dejarlo hacer, por ver si todas esas agresiones eran meramente llamadas de atención, y eso es lo que hizo en esta ocasión, mientras seguía limpiando el culete en cuestión. «Voy a observarle a ver lo que hace, sin mirarlo directamente. Total, que acabó tirando a la chiquilla al suelo, pero no contento con ello, le enganchó el aro alrededor del cuello, la otra en el suelo tirada, y la arrastró por toda la clase, pero por toda.» No tuvo más remedio Susana que dejar al que tenía entre manos y acudir en auxilio de la agredida.

Ya no tenía sentido esperar nada y Susana acudió a la directora del centro. «Mira, este niño, yo no sé, pero a mí me da que esto no es muy normal. Mira que ya lo estoy viendo desde el año pasado, le he dejado tiempo porque bueno, porque alguna evolución tiene que haber. Pero es que con dos años sigue igual, pese a que ha tenido un hermano pequeño y alguna evolución debía haber. A mejor o a peor, pero es que sigue igual, en las mismas, pegando a los demás niños simplemente para verlos cómo lloran. Vamos a tener una desgracia aquí, es que va a matar a alguno.» Susana veía que se le «estaban acabando los recursos» y que necesitaba ayuda: «Por lo menos un psicólogo, un especialista que vaya más allá y me eche un cable para decirme cómo puedo actuar con él.» Temía hacerle demasiado caso —«no sea que por ahí me coja»— o dejarlo actuar por su cuenta, con lo que alguien podría resultar herido. Todo esto por no hablar de que la actividad lectiva se veía resentida un día sí y otro también. «No sé qué más puedo hacer», decía a su directora.

«Bueno, pues habrá que hablar con los padres», fue la respuesta de la responsable. Pero hete aquí que nos encontramos con otro problema. Desde el comienzo, los padres de J. eran reacios a dar demasiados detalles del comportamiento del niño en casa. Susana solo tenía conocimiento de que la madre había tenido algunos problemas por la falta de sueño. Los describe como una familia con estudios universitarios, de clase alta. Quizás, esto no puedo saberlo, de ese tipo de padres que se niegan a ver que sus hijos no son todo lo perfectos que podían esperar. Normalidad absoluta, allí no ha pasado nada. «Había cosas que obviaban y no entraban demasiado en detalles.» Cuando las agresiones se hicieron más bruscas, la educadora trató de sacar algún detalle a la madre, que era la que acudía normalmente a recogerlo.

—Oye, ¿a qué juega en casa? ¿Tiene algún primo con el que juegue a peleas?

—Bueno, tiene un primo mayor.

—Pues intentad, si podéis, evitar que juegue a peleas o que se tiren uno encima del otro.

Los padres insistían en que J. tenía un comportamiento algo más dulce en casa, hasta que, en una ocasión, la madre dejó escapar que el niño había tirado una televisión de plasma al suelo. «Vaya, o sea que te ha tirado una tele. Con dos años, un niño que tiene dos años y que lleva desde los seis meses en la guardería, que más o menos las normas básicas las tiene que tener ya...» Igual no era tan bueno en casa, después de todo. Poco a poco, Susana fue sacando información. En Navidad, la madre expresó sus temores a llevar al pequeño a casa de la abuela, que solía poner un completo belén. «No me fío de J., no me fío, es capaz de tirarlo.»

Para entonces, Susana ya estaba en un tris de rendirse. «Llegaba a casa y era constante, pensaba: "No quiero seguir trabajando, no puedo más." Era una sensación de impotencia, de no poder ayudarlo, de no poder tampoco ayudar a la otra niña, de no poder mantener el grupo normal. Tuve que cambiar la dinámica del grupo para que allí no ocurriera absolutamente NADA. No trabajo nada. Voy a estar como un policía, pendiente todo el rato de él, de que no pegue a nadie, es que se ensañaba. Y no tenía fin.

Llegaba a casa mal, estaba mal, acelerada, llorando, con ganas de no ir a trabajar, de no volver a meterme en esa situación. Y, sobre todo, mucha impotencia, de no saber cómo podía manejarlo.»

Se imponía una solución. Una solución profesional, además. Visto que los padres de J. no reaccionaban en exceso, Susana vislumbró una manera, que no era demasiado heterodoxa, quizás irregular. Los padres de L., la niña asustadiza, se avinieron a que una profesional de uno de los Equipos de Orientación Educativa de la Junta de Andalucía la examinase. No es fácil tomar esa decisión. «Tienes que tirarte mucho tiempo observando, cuestionando cosas, poniendo en común con compañeras qué puede pasar ahí, porque no te puedes tirar al pozo así como así. Te juegas la opinión que los padres puedan tener de ti, tienes que estar segura. Y eso son muchas horas pendiente, observando, preguntando a los padres sutilmente, porque es un tema muy delicado.» Pese a todo, la psicóloga acudió, y aprovechando su visita, Susana y sus compañeras le insistieron para que echase un vistazo también a J. de forma extraoficial. Para un examen en regla es necesario el permiso de los padres. «Pero yo lo que buscaba era algún tipo de asesoramiento, para ayudarle y ayudar al resto, porque los demás tampoco querían ir a la guarde, al igual que yo, tampoco querían estar por allí cerca.»

La psicóloga pidió a Susana que hiciera su clase normal. Ella se sentaría y observaría comportamientos. Durante la Asamblea, J. no paró quieto, iba de acá para allá. Cuando sacaron los encajables, el crío pegó un par de empujones, un par de patadas y se fue para el maletín de la psicóloga. «Ella prácticamente ni lo miró. Le quitó el maletín y lo puso en su sitio. El niño pasó de ella y se fue para otro lado.» Al rato, la psicóloga se levantó. Susana preguntó:

—¿Hiperactividad?

—No, peor.

—¿Peor?

—Si no te importa, me lo voy a llevar un momento, le voy a sacar una serie de cosas, de juguetes, para ver cómo reacciona ante ello.

La psicóloga se fue con J. Susana no estuvo presente en el examen, se quedó con su clase, pero una compañera sí estuvo. «No te lo vas a creer.» Le contó que el pequeño se había puesto histérico, «a llorar como un descosido, como si lo estuvieran matando», solo con que la psicóloga le enseñara una pelota «como de terciopelo». Como un vampiro a la vista de una ristra de ajos. Después de observar la reacción del niño a algunos objetos y con una persona que no conocía, la psicóloga aventuró un posible diagnóstico de Trastorno por Déficit de Atención e Hiperactividad (TDAH). Luego, entregó a Susana un cuestionario para que lo rellenase y se lo hiciese llegar cuanto antes, si era al día siguiente, mejor. Susana lo hizo. «Este se lo tenéis que dar a los padres y mañana, a poder ser, también lo quiero aquí. Porque este niño necesita ayuda, pero ya.» Eso ya iba a ser más difícil.

«Fue como un jarro de agua fría. Desde el año pasado intuyendo más o menos, ¿y no me he dado cuenta hasta hoy? ¿Por no haber confiado más en mí misma, a lo mejor a la hora de insistir? ¿Esto se podría haber mejorado [si se hubiese atajado] el año pasado?» Aquí la voz de Susana se rompe y está al borde de echarse a llorar. «Estamos en una escuela infantil, los tres primeros años del niño son fundamentales y estos problemas, cuando antes se atajen, mejor... Lo cual me lleva a pensar que deberíamos tener una formación añadida, en la carrera o en los módulos de educación infantil.» No para diagnosticar, pero sí para poder detectar estos problemas con mayor seguridad y poder ponerlos cuanto antes en manos de profesionales. «Pero en infantil no te enseñan nada de esto. Para eso está Magisterio de Audición y Lenguaje y Magisterio de Educación Especial.»

Ahora había que conseguir que los padres se pusieran también en marcha. Les entregaron el cuestionario diciendo que había visitado el centro una psicóloga y lo había observado. Fue una tutoría con los dos padres y ellos accedieron a llevarse el cuestionario y a rellenarlo. Pero pasaron los días, sin respuesta. Los padres venían a recoger a J. y «no decían nada». Susana sospechó, con acierto, que habían buscado una segunda opinión. Efectivamente, una semana después, pidieron una tutoría. Otro profesional les había desaconsejado valorar al niño —los EOE se encargan de valorar a los niños y, en su caso, recomendar los apoyos que puedan necesitar en un colegio.

—Vale, tú no quieres que el crío pase por la criba del EOE, pero es que, para hacer un informe con base [vuestra psicóloga], cuando menos, tendría que pasar por aquí para ver cómo actúa el niño, ¿no? Porque yo, por lo menos, estoy teniendo problemas con él.

—Ya, pero es que él en casa no es así.

—Pero en casa no es así porque el hermano es pequeño, pero podéis tener un problema de agresividad parecido a este.

—Pero él en casa está bien, y al hermanito lo quiere mucho.

Tan solo admitieron que su psicóloga les había dado una guía, unos pasos, para poner en práctica con el niño. «Yo eso lo quiero ver», les contestó Susana, «lo que necesito es una guía para poder trabajar con él, porque me he quedado sin recursos.» La madre se comprometió a llevarla cuando terminase de leerla, porque «era un tocho». Dos meses después, aún sin haber entregado esa guía, la madre solicitó que cambiaran a J. de clase, pues así se lo recomendaba su psicóloga. El cambio de clase no funcionó tampoco. Tanto Susana como ahora su compañera pedían esa guía cada día. Cuando finalmente la trajo, «le cogimos la mentira, porque era una mentira en toda regla. Me trajo cinco folios, eran fotocopias de un libro de la Comunidad de Madrid y cuando las vi, pensé: "Esto es lo mismo que llevo haciendo dos años con él, son pautas que se siguen con todos los niños desde el principio y con él no han servido"». Susana les pidió que tomaran conciencia de lo que estaban hablando, que era algo muy serio y que también iba a ser de ayuda para ellos y, sobre todo, iba a venir muy bien al niño.

Resultado: aprovechando que el niño cayó enfermo, le sacaron de la guardería. Evidentemente, el hermano pequeño tampoco fue al centro. «Eso fue duro, fue muy duro. Estaban huyendo del problema.»

Susana supo ya poco de J., «era incómodo preguntar». Pero se quedó mucho tiempo con la duda de si debió haber actuado antes, con la impotencia de no haber ayudado a un niño que lo necesitaba y con la «sensación de que no has hecho tu trabajo, que es intentar que el niño vaya al cole, que sea por lo menos autónomo». «Porque podría ser muy fácil: ceñirnos simplemente a que no mate a nadie y listo, cuando se vaya, listo. Podría ser muy fácil, pero no, no...» Sus compañeras lo decían: «Si los padres se niegan a ver...» «Es que no logro entenderlo, había todo un equipo de psicólogos, pedagogos, fisioterapeutas, logopedas al servicio de estos niños con necesidades, no entiendo cómo padres con educación...»

Los que sí veían fueron los padres de L., la otra chiquilla. «Yo la veo por la calle y está estupenda. Y prácticamente no hablaba, estaba como obnubilada siempre, pero lo cambió.» Accedieron a la valoración y Susana se ofreció para lo que pudieran necesitar, para cualquier consulta. «Incluso les di mi móvil, no era plan de dejarlos solos.» Y ahora, cuando se ven, la madre de L. le señala lo contenta que está la niña. «Mira qué bien está. Se acuerda de ti.» «Y ahí es donde uno dice: "Bueno, pues por lo menos algo he hecho. A lo mejor..."»

8

Excursiones

Los padres solemos desesperar cuando tenemos que llevar a uno o dos niños andando por la calle, del cole a casa o a por el pan. Vamos tirando de ellos, parándonos cada tres pasos a esperar a uno que se ha despistado con una hormiga que pasa, tirando de ellos cuando cruzamos un paso de cebra, recogiéndolos y parándonos de nuevo cuando se caen al suelo. Un trayecto de cinco minutos puede convertirse fácilmente en media hora si no los cogemos en brazos. Algo deben de hacer en las escuelas infantiles, me imagino una disciplina de tipo militar, para salir de un centro con veinte y, agarrados a una cuerda en muchos casos, llegar sin novedad a su destino con rapidez y sin accidentes.

Lo de la cuerda tiene truco, que me lo ha chivado Blanca. Bueno, más que truco, ensayos. Cuando me asombro de la capacidad de las escuelas infantiles para desplazar contingentes de enanos, se sincera. «Nos tenías que ver a principio de curso. Tardamos veinte minutos en llegar a la piscina, que está a dos minutos andando. Unos se sueltan, otros se agarran a otro, vas de la mano con veinte...» Para conseguir que en enero vayan todos y les dé tiempo a mojarse y todo, tienen que ensayar. «Hacemos prácticas en el parque con la cuerda. Damos vueltas por el parque. Es práctica. Es acostumbrarse, todo rutina.»

Rutina o no, en muchos centros realizan excursiones, incluso algunos duermen fuera de casa, y vuelven todos en perfecto estado. «Yo me voy de excursión con treinta niños y no se menea ni Dios.» «Pues yo, Nuria, las paso canutas para volver a casa desde el cole.»

S. CÁDIZ

En sus primeros años como educadora, Susana tuvo a su cargo una clase de bebés de entre cuatro meses y un año, ocho bebés de la clase de cero-uno. Recién estrenadas como maestras, Susana y su compañera quisieron poner en práctica algunas experiencias, nuevas corrientes que habían estudiado y pensaban que podían dar buen resultado con los niños. Algún tipo de estimulación temprana y cosas así. Creyeron que la música era una buena forma de despertar los sentidos de los niños y comenzaron a dividir los momentos a través de la música. Una música para esto y otra para aquello. Los niños tienen los sentidos a flor de piel, los están estrenando, así que tienen mayor capacidad para sentir la música, por ejemplo. Asegura S. que el experimento dio como resultado un grupo de niños «más estimulados, más curiosos, con mayor capacidad de comprensión, que retenían mucha más información y durante más tiempo». Lo ilustra Susana con un ejemplo. «Cuando repartimos las botellas de agua, que cada uno tiene la suya, yo los siento a mi alrededor y me pongo a repartir. Voy nombrando y voy dándoles sus botellitas.» Es inevitable, no obstante, que muchos intenten meter la mano para coger la suya sin esperar a que se les nombre. En una de esas estaban cuando una niña, L., de la promoción musical, alzó la voz sobre la algarabía botellil para dejar una cosa clara: «Hay que tener paciencia y esperar su turno.» Muy bien, L. Se ve que L. había escuchado algo similar en un momento parecido y tuvo la agilidad de poner la instrucción en práctica en esa situación.

¿Qué tiene esto que ver con las excursiones? Ahora. Cuando este grupo llegó a la clase de dos-tres años, pusieron en práctica con ellos el método de los pictogramas. Es ese método de enseñar fotografías o dibujos de cosas para que los niños las identifiquen. [Hay quien dice que los niños asocian enseguida el dibujo con lo que representa y nada más, que no entienden el concepto, pero yo no soy educador y no entro en estos juicios.] Les hablaron de que en algunos sitios estaban trabajando este método con cuadros de autores conocidos. Susana y sus compañeras lo adaptaron con imágenes de monumentos de España y al poco se centraron en la ciudad de Cádiz. Por ejemplo, la catedral. «Les explicábamos la catedral, les poníamos delante casi a diario, llegábamos allí y les decíamos: "Venga, vamos a repasar. La catedral de Cádiz tiene tres estilos, porque se quedaron sin dinerito y..." Luego, la Puerta de Tierra, que tiene unos agujeros que se llaman troneras y por ahí sacaban los cañones y asustaban al malo... El *Juan Sebastián Elcano*, que tiene cuatro palos donde se ponen las velas, que se llaman mástiles...»

De estos pequeños paseos, surgió la idea de llevarlos

al Ayuntamiento de Cádiz. «Y bueno, si tienen una pequeña recepción dentro del Ayuntamiento, pues tampoco está mal. Estamos hablando de niños de tres años, íbamos a ser un hito, casi.» Pues quien debía movió sus hilos y Teófila Martínez, la alcaldesa, se avino a recibirlos y pasar un rato con ellos. «Los padres llevaron a los niños, primero fueron a comer churros con chocolate. Iban todos de postín, todos de punta en blanco.» Y, cómo no, prepararon durante días un poema para recitarle a coro a la alcaldesa, todos a una. Fue entonces cuando el experimento de la música se vino un poco abajo porque, L., la niña que sabía de sobra que había que esperar a que tocara hacer las cosas, sin tener paciencia ni esperar su turno, se arrancó por su cuenta y riesgo con el poema: «Señora alcaldesa, hemos aprendido Cádiz y sus monumentos y venimos al Ayuntamiento a que nos lo enseñe por dentro.» Dejando a sus compañeros con un poema en la punta de la lengua. Se ve que la niña llevaba años esperando su turno.

Sin salir del Ayuntamiento, Teófila Martínez, rodeada de los pequeños, se animó a explicarles el funcionamiento del Consistorio. Qué mejor que escenificar una especie de pleno para que los críos se hagan una idea cabal de lo que se cuece en tan magna institución. Para ponerse al nivel de los chicos, la alcaldesa puso un ejemplo que ellos sintiesen cercano.

—A ver, hay un parque en el que alguien ha roto un columpio. ¿Qué hacemos? ¿Cómo lo arreglamos? —Puso la alcaldesa a los niños a discurrir.

—¿Quién ha sido? —preguntó uno de ellos.

—Eso, ¿quién lo ha roto?

Y como no hay nada peor, como dice el refrán, que criar mala fama, todos contestaron al unísono:

—¡Ha sido D.! ¡Ha sido D.!

Decisión unánime del pleno: fue D., ese niño, el que se sienta en ese escaño y que tiene en la escuela la fama de travieso. Suponemos que D., como buen político en la picota, apelaría a la presunción de inocencia, se resistiría a entregar el acta y se dedicaría con todas sus fuerzas a limpiar su buen nombre. Estamos a la espera de que el juez levante el secreto de sumario.

QUERUBINES

«Si no se van a enterar.» Nuria ha tenido que escuchar esta frase muchísimas veces cuando se ha dirigido a alguna autoridad de la que dependía el permiso para visitar alguna exposición o museo. «Y me entra una mala hostia...» Más o menos fue lo que le dijeron en el obispado cuando quiso conseguir unas entradas cuando la exposición Las Edades del Hombre visitó Soria. Pero vamos, cuando Nuria se empeña...

En este caso, a esta exposición, que instalaron en la colegiata de San Pedro, la concatedral soriana, fueron los Querubines en los minibuses municipales. Todos uniformados, tomaron uno de ellos casi en exclusiva hasta la iglesia, donde ya había gente haciendo cola. Y eso que a los niños les abrieron un cuarto de hora antes, como diciendo «Que vienen estos. Ya verás. Vamos a abrirlos antes para que no den guerra».

«¡Mira! La fachada de San Pedro, el de las llaves, de mil

cuatrocientos no sé qué.» No era Nuria la que explicaba la portada, era uno de los niños, que ya había visto el monumento en las sesiones de fotos con las que se preparan estas visitas. Uno de los guardas de seguridad que vigilaba la entrada escuchó al pequeño y, sorprendido, fue a buscar a otros compañeros para delatar al sabihondo y a su grupo de sabihondos. «Esos han sido», dijo a la corte de vigilantes y guías que salieron detrás del él. «Claro, no se lo creían.» Escoltados ahora por varios guías y guardas, los críos hicieron su entrada a una exposición que ya conocían. «Yo les presenté ciento y pico de obras de Las Edades del Hombre, entre pinturas y esculturas. Se las aprendieron todas, todas. Eso les costó dos semanas. Claro, llegar allí y poder tocar las obras... Bueno, bueno, se les caían las bragas a todos.» Es una forma de decir que los críos estaban encantados.

Hubo más gente encantada en esa visita. Cuando el personal y los visitantes empezaron a escuchar las explicaciones de los niños sobre las obras, se unieron a la comitiva de los bajitos. «Pararon las guías de hacer las rutas con la gente. Todos iban con los pinganillos para oír solo a su guía y toda la gente se los quitó. Las guías, detrás de nosotros, los niños delante, y toda la gente detrás y los niños explicando las obras.» No se podía hacer fotos dentro, pero a Nuria no le pusieron pegas. Tras ilustrar al respetable con sus explicaciones, los muchachos se sentaron una hora a ver un documental que, por cierto, ya habían visto. «Y ellos ni mu... Y luego ya comimos allí.»

La tuvo con los responsables de museos cuando se les ocurrió visitar el Numantino, que narra la historia de la ciudad desde el Paleolítico. «Yo entro», se dijo Nuria, antes de soltarle al responsable que «los niños no son tontos, tienen dos orejas, dos ojos, boca, nariz, manos. Y un cerebro mejor que el suyo, porque todo lo que yo les voy a decir se les va a quedar». Hasta un guía les pusieron. Y, como en la anterior ocasión, los críos fueron la sensación, arrastrando consigo a todo el personal y a alguno más. «Había una excursión de un instituto que estaba montando un jaleo...» El profesor le preguntó a Nuria la edad de sus alumnos, de dos años. «Vergüenza me da, que estos niños es que no han hecho nada de ruido y se saben todas las esculturas y todo», terminó por abroncar a sus adolescentes este maestro, poniéndoles de ejemplo a unos micos de menos de un metro.

Las excursiones son el método de Nuria, que se ha llevado a sus pequeños hasta a Disneyland París, incluyendo esta vez a los padres en el viaje. «Pero me sobraban todos los padres, porque todos los niños venían conmigo.»

PAM I PIPA

El paso de los niños por esta escuela barcelonesa es como una larga espera para hacer una especie de viaje de fin de curso que incluye una noche en un tipi. Los niños de dos a tres años celebran el final de su etapa en la escuela infantil con este viaje a una casa de colonias de Manresa. Es una excursión para desinhibirse, asalvajarse, ser uno mismo, aunque se sea solo poco, apenas un elemento que no llega a los tres años. «Realmente allí es donde descubrimos un poco a los niños, porque están muy desinhibidos, no están con los padres y están muy tranquilos», cuenta Gemma.

Cuando anuncian a principios de curso que pasarán

fuera una noche en el mes de junio, muchos de ellos no lo ven claro. «¿Dónde vais? Que no. Estáis locas», suelen decir los padres ante la perspectiva de dejar al niño dormir fuera de casa. «Pero luego al final del curso, como ya nos conocen, nos tienen confianza, vienen todos.» Suelen ir cerca de treinta niños con cuatro profesoras.

Seguro que los críos disfrutan como enanos en la excursión, pero Gemma no les debe ir a la zaga, a juzgar por cómo se le enciende la voz cuando lo cuenta. «Se lo pasan superbien, están muy tranquilos, trabajamos en el campo, estamos todo el tiempo fuera... Nos pintamos las caras, hacemos un poco lo que nos da la gana durante dos días.» El gozo de esta maestra traspasa la barrera del teléfono. «Es una casa que trabaja el tema de los indios, porque tienen tipis», que es donde duermen esa noche mágica, «y siguen un poco la filosofía de los indios, de respeto a la naturaleza y tal». Y de libertad en espacios abiertos. «Hacemos todas las comidas allí, dormimos allí con ellos, hacemos fuegos por la noche, vamos con linternas... Y no hemos tenido ni un problema de sueño allí, por miedo o lo que sea.» El viaje «representa que entramos como niños del Pam i Pipa y salimos como indios, nos hemos transformado. Y al día siguiente, nos vamos de allí pintados, con las plumas, y los padres, cuando llegamos, nos ven con nuestro amuleto, con las plumas, venimos totalmente disfrazados». Asalvajados. «Sí, exacto.» «Los niños lo pasan muy bien, la verdad. Es una maravilla.»

9

Juego libre

Los ratos en que los niños de una escuela infantil no tienen algo concreto que hacer, una actividad, un juego, una canción, lavarse, comer, dormir... los educadores les dejan hacer juego libre. Básicamente consiste en que hagan lo que les dé la gana, usando los juguetes o compañeros que pululan por las aulas. Eso es lo que voy a hacer yo en ese capítulo. Cojo una cosa de aquí, otra de allí, y hago lo que me da la gana: cosas que no pertenecen por derecho a ninguno de los capítulos anteriores pero que bien podrían pertenecer. O no.

LA AMENAZA DE LA MAFIA

X., nombre que directamente invento para evitar represalias, era conocido, un chico del barrio de toda la vida. En sus apenas dos años de vida, nunca se había metido en líos ni se le conocían malas compañías. Gemma conocía a su familia, gente del barrio. De los nuestros. Por eso, sus padres decidieron llevar a X. a la escuela infantil de Gemma. Nunca hubo ningún incidente con él. Pero esa mañana...

Desde que habían abierto su escuela hacía pocos años, Gemma siempre había tenido especial cuidado de no meterse en problemas. Por eso, las horas de patio de los niños estaban perfectamente escalonadas. «Primero los de uno-dos. Cuando estos entran, salen los de dos-tres. Siempre miramos que no se crucen.» Pero estaba visto que aquella mañana el destino era quien manejaba los hilos. La profesora de uno-dos tardó un poco más de la cuenta en hacer entrar a los pequeños: «Los vas chillando. "Venga, venid, que ya es la hora", y ellos van viniendo.» Los mayores, en cambio, salieron un minuto antes. «Ese día se cruzaron.»

«Van entrando los niños, les vas sacando las chaquetas... Y te das cuenta de que te falta una niña.» No tardaron demasiados segundos Gemma y su compañera en salir al patio a por la extraviada, pero ya estaba X. «apaleándola. Esa es la palabra». «Un niño mayor, de dos años, la estaba pegando con las palas de arena. El niño le tenía el pie encima del cuello, para que la niña no se moviera. Sí, sí, así, ¿eh? Y le estaba pegando palazos en la cabeza.» Las propias maestras se asustaron un poco de esa conducta violenta. «Hostia. Cuando lo vimos... "¡Pero qué haces!" Fue una cosa bastante...»

X. y la niña se separaron. A ella la llevaron a curar un poco, «no había sido tanto», pero a él le esperaba una regañina. «Estábamos la otra profesora y yo, estuvimos hablando con el niño. "¡Oye, esto no está bien!" De estas veces que les hablas... Yo intuyo que estaría como muy alterada, pero le estaba hablando bien. El niño me estaba escuchando.» Digo yo que tendría esa mirada del perdonavidas antes de lanzarte su bravata, de Clint Eastwood en la última vez que te avisa. «Al cabo de un rato me mira y me dice: "Mira, un día te va a llegar a casa un paquete. Tú lo vas a abrir, pensando que es un regalo y será una bomba que te va a explotar en la cara." Esto me dijo el niño, te juro que son palabras textuales.»

Con estos comienzos gansteriles a los dos añitos, se imagina uno que el niño ha entrado y salido de prisión más de una vez ya. «Es lo que decíamos, este chico será un maníaco cuando sea mayor. Psicópata por lo menos.» Pero no. «Este chico está ahora estudiando una carrera, es un tío majísimo, no ha tenido nunca ningún problema en la escuela.» Gemma se lo contó a su madre, que «no sabía dónde meterse, pidiendo disculpas», abochornada. «No sé de dónde lo sacó, la verdad, yo pensaba que el niño realmente... Es que te juro que te quedas acojonado, porque que un niño de dos años te haga toda esa disertación...» Yo lo llamo amenaza, lo he visto en pelis. Pero quédense tranquilos, X. nunca envió nada por correo.

EL PROTECTOR

Pese a sus escasos dos añitos, H. tenía un sentido agudo de pertenencia a un clan. H. era un niño grandote, gordito, con el pelo rizado, un poco largo, según lo recuerda María B. Algunos de sus primos fueron también a Lala Lunera. «Era un trasto, un bichejo. Con sus compañeros, sacaba la mano a pasear a veces y en casa hacía lo mismo.» Pero cuando más demostraba su talante era con los intrusos.

«Me hacía pasarlo fatal. Cada vez que venía alguien a ver la guardería o a lo que sea, los arrinconaba y les decía "Te voy a matar, te voy a matar". Y si venía alguien a arreglar alguna cosa o a vender un seguro, lo que fuera, no te quiero contar. Lo apaleaba, le daba patadas en el culo, o le bajaba los pantalones... Sí, sí, como te lo digo. Hasta que se iban corriendito. Yo no podía con él, no podía, por más que lo riñera y lo riñera.» Tal era el celo territorial de H. que llegó a causar cierto quebranto económico a María. «La mitad de los que vinieron a ver la guardería no se apuntaron. Hombre, tú verás, lo llevas a ver una guardería y te encuentras un oso ahí de niño, pues no lo llevas.» Además, María B. se sentía «avergonzadísima» en esos momentos. Los visitantes pensarían «Pero, ¿este niño? Qué poca educación. Y esta maestra, que no se hace con él», pero «es que no podía, no podía, era imposible».

María B. tuvo que hacerse cargo de nuevo de H. en un campamento de verano, una vez que el niño ya había empezado el verano y ya directamente le avisó: «Cuando venga alguien a ver la guardería, haz el favor, hombre, que comemos de esto.»

EL TORTAZO

«¿Sabes aquellos niños, pobres, que se portan siempre tan bien, que no hacen ruido, nada?» Así se refiere Gemma a uno de sus alumnos, el típico calladito, discreto, tranquilo, obediente. Un amor. Los datos de Gemma no cuadraban con los de su familia. Siempre que tenía ocasión, la mamá de este chico aseguraba que esa adorable fachada se caía nada más salir de la escuela y dejaba al descubierto a Mr. Hyde. «Es que en casa se porta muy mal», decía. «Los niños, realmente, delante de los padres actúan de una forma muy diferente», conviene Gemma en algo que hemos visto en estas páginas. Así que un día, este ángel/demonio estaba saliendo de clase, la mamá lo había ido a recoger. Gemma le estaba comentando cómo había ido el día y, como despedida, le pidió un beso al crío. «Bueno, ¿qué? ¿Me das un besito, que te vas?» Se agachó para recibirlo. Pero no recibió el beso.

«Me pegó un TORTAZO que me saltaron las gafas, me saltaron los cristales.» Se tendrán que conformar con las mayúsculas, no existen recursos tipográficos para ilustrar cómo la palabra tortazo cobra un nuevo significado en los labios de Gemma. Suenan una tras otra todas las letras como si ese tortazo fuese EL tortazo, la verdad absoluta del cachete, la quintaesencia del bofetón. Hay tristeza en esas siete letras, asombro y rabia también, y extrañeza por pertenecer la torta a esa manita sin maldad, y compasión, comprensión hacia ese pequeño santo devenido en malhechor en un segundo.

«La madre se quedó... Bueno, y yo también. No supe qué decirle. Pero es que, pobre, yo creo que no lo hizo tampoco...» Quizás el inconsciente movió el brazo, el caso es que propinó a su profe la bofetada perfecta. «Le salió, le salió al niño del corazón pegarme un tortazo, ¿sabes? Como diciendo "Bueno, déjame en paz, que me voy con mi madre". Vino su madre y el niño vio su oportunidad.» Se le juntaron en un segundo sus dos yo, sus dos comportamientos, como se cruzaron en el patio X. y la niña. Y la fachada se cayó antes de tiempo.

Estos tres de arriba debían haber recibido la visita que recibió Blanca al poco de abrir Cucutras. El caso es que Cucutras tiene cerca otra escuela parecida y no siempre la competencia es bienvenida. No en este país. El caso es que, dice Blanca, su centro fue denunciado por los dueños del otro cercano. Estas personas, según Blanca, se dedicaron en el primer año de actividad de Cucutras a esparcir por ahí la especie de que la nueva escuela no contaba con la preceptiva licencia de la Comunidad de Madrid. Así que Blanca recibía la visita de la policía «un día sí y otro también». «Todo esto, el primer año, que yo estaba todo el día llevando papeles, dando informaciones, llevarlo todo. Y estaba cagada de miedo.»

Así que un día, en una de esas visitas de la policía:

—Tiene usted que darnos otro papel.

—Miren, estoy con los niños en clase, ahora no...

—Ya, pero, sintiéndolo mucho, hay una denuncia de que no tienen licencia y tengo que verla.

—Pues miren, quédense ustedes aquí sentados con los niños, cuéntenles un cuento mientras yo busco la licencia de apertura y la licencia de obra y toda la leche.

En aquel entonces, Blanca solo tenía una empleada y cada una estaba con su clase. «No había más gente porque no había pasta para más gente.» Así que allí tenía a los niños de dos a tres años, vigilados por dos fornidos agentes de policía vestidos de uniforme, sentados en el quicio de un gran ventanal que da a la calle, a la vista de cualquier padre que quisiera pasar.

«La verdad es que eran majillos y se enrollaron a contar

historias a los niños, como era la clase de dos-tres... Los chicos preguntándoles mil cosas.» ¿Y los niños? «Los niños fliparon. Según iban llegando sus padres, les iban contando: "Ha estado la policía."» Y Blanca, pensando: «Qué bien, ha estado la policía. Venga, el primer mes y cierro.» A ver cómo se le explica a un padre que su hijo, que estrena guardería, ha pasado la mañana en compañía de dos policías.

REFORMA FINANCIERA

En la escuela de Cristina tienen el buzón en el patio y, a veces, cuando salen al recreo recogen la correspondencia. Aquel día, estaba presente L., un niño de siete años —en verano ofrecen el servicio de ludoteca para que puedan acudir niños más mayores mientras sus padres trabajan—, cuando Cristina abrió el buzón y sacó el paquete de cartas.

—¿Qué son?

—Pues mira, son cartas.

—¿Son facturas?

—Pues... Bueno, alguna habrá —Cristina empieza ya a preguntarse adónde puede llevar la conversación.

—Pues haz como mi papá. Mi papá las devuelve. Que las pague el banco.

¡Ayyyy, pequeño! Si fuera tan fácil...

DENEGACIÓN DE AUXILIO

He escuchado alguna vez a un crío que tengo cerca a menudo decir: «Es que tengo una grabadora en el cerebro.» El aparato está grabando continuamente, a veces sin que los adultos nos demos cuenta, a veces sin que se den cuenta los propios dueños.

A D. venía a recogerlo su abuela después de comer. Tenía dos años. Un ejemplo de esos niños que hablan enseguida y sin pudor y que resultan tan graciosos. Un día comentaba con Cristina en la clase lo de la tarde anterior:

—Oyeeee. ¿Sabes que un coche ha atropellado a un señor?

—Ah, ¿sí?

—Sí. Pero el coche no paró. Se fue.

«¿Qué vio este ayer por la calle?», se preguntaba Cristina.

—¿Y sabes cómo se llamaba el conductor?

—No...

—Farruquito.

Aquí hay tomate. Eso es lo que vio con su abuela. Y lo grabó. Es el peligro de exponer a los críos a programas potencialmente peligrosos. Para eso está el horario infantil.

Y TODO A MEDIA LUZ

Sobre la una de la tarde, se apagan las luces en casi todas las guarderías con las que he conversado. Hay padres que no quieren que sus hijos se queden dormidos en la escuela para tener un rato de tranquilidad al salir del trabajo. Es entonces cuando nos encontramos esas escenas de niños pegando cabezazos contra cualquier cosa, dormidos o casi en posturas inverosímiles. Pero la mayoría de ellos se derrumban durante dos horas en sus cunas, colchonetas o hamacas apilables. Cuando se apagan las luces, comienzan también momentos de intimidad y de confidencias.

Paula tenía a dos marujitas que habían aprendido a bajarse solas de las cunas, saltando la valla y «cuando te descuidabas estaban ahí las dos de cháchara, hablando, sentadas en el suelo». En Trastes Los Rosales había una pequeñita que siempre quería dormir al lado de un niño, «su amiguito», me dice Estefanía. Delfina ha escuchado conversaciones hilarantes entre ellos, contándose los problemas entre los padres o lamentándose uno por ejemplo de que su padre estaba gordo. A María B. le encanta «cómo se quieren entre ellos, se protegen, se cuidan... Si tienen un compañero llorando le dan el chupete». O, como me cuentan Marta, Blanca y Sonia, se ayudan, como esa pareja de mellizos, «ella muy espabiladita, él muy pavito», que tras la siesta, instados a ponerse solos los zapatos, como él no sabía, se los ponía ella, para evitar que le regañaran. O, como me cuenta Nuria, se avisan unos a otros cuando ella está enfadada. O, como cierra María B., también se mandan callar en la siesta: «"Calla, niño, calla, a dormir ya." Son como una familia.»

Ana habla de amores furtivos en Marbella. «En la siesta, muchos de ellos aprovechan para, cuando se creen que están solos, ir a acostarse al lado del amigo o de su primer amor, correspondido o no. En esos momentos nos encanta ver cómo actúan.» No solo se levantan para el bien, también para el mal. «También nos encanta que en esta misma situación, al creerse solos, se levanten para ir a fastidiar al de turno, pero ahí les solemos cortar el rollo, y con un "Sssshhhhh. ¡A dormir!", no te puedes imaginar el bote que pegan y el lanzamiento que hacen hacia su colchoneta.»

Y todo a media luz...

A propósito de amores prematuros, Estefanía me cuenta el caso de un pequeño enamorado. Le gustaban jovencitas, porque él estaba en el aula de dos-tres mientras que ella aún no se había licenciado en la de uno-dos. No es que hubiera llegado el día de San Valentín ni nada, pero su pasión por la colegiala le empujó a querer hacerle un regalo. ¿Qué puede regalar a su chica un niño de dos años traspasado por las flechas de Cupido si no tiene dinero para unas flores ni sabe manejar los cubiertos como para invitarla a cenar? Obviamente, un dibujo es lo que se estila más a esas edades. En el caso que me cuenta Estefanía, el chiquitillo eligió esta opción, pero como son tímidos los trazos todavía con esa edad, se consiguió una especie de «celestina» pictórica, su hermana mayor, para que le dibujase los corazones. Y a la guarde que se fue con su dibujo bajo el brazo para impresionar a su dama. ¿Lo consiguió? No lo sabemos. Las mujeres a veces son frías. Lo que Estefanía tiene clavado es el suspiro del Romeo cuando entregó su obra a su Julieta. Un suspiro a ochenta centímetros del suelo.

A LA MIERDA

Aquí va una ronda de contenido escatológico. Además de agradables para las confidencias, se ve que las siestas son momentos de relax en los que los esfínteres toman el control y los niños esparcen sus buenas obras allende sus pañales.

«Cuando están en las cunas, hacen guerras de chupetes

o de otras cosas y alguno se quita el pañal y te pinta toda la cuna». Y el resultado, según Nuria, es altamente tóxico. «A mí me han decorado las cunas, el baño... Y tuve que investigar si lo que un niño llevaba alrededor de la boca era chocolate o no.» ¿Resultado? Veamos. Miraba Nuria al niño goloso mientras pensaba «Yo a este no le he dado chocolate, este niño ha tenido que comer...».

Era un niño que cogió por costumbre sacarse «material» del pañal a poquitos, así iba pintando. «Y te llamaba: "¡Nuriaaaa! Caca. Ya tá" ¿Ya está? Y un día me harté. Tenía veinte meses, pero le di la bayeta y le dije: "Esto se limpia. Yo no lo limpio." Es que era todos los días, yo no sé las veces que limpié la cuna.» Eso cuando no cogía la escobilla para un acabado más profesional. «Y se ve que ese día, ya que estaba...» Iba a llegar la madre cuando Nuria lo vio pasar con la cara manchada. Inmediatamente, preguntó a su compañera:

—¿Tú le has dado chocolate?

—¿A quién?

—A ese.

—Yo no.

—Pues yo tampoco. Eso me da que es...

Y la madre en la puerta. «Lo tuvimos que bañar, pero no se le iba el olor ni a la de tres.» Al llegar su madre, Nuria le dijo:

—Mamá, creo que tu hijo ha comido caca. Vamos, que tenía un poquito aquí, en las boceras. —Hay que ir con tiento.

—¿Sí? ¿Ha comido mucha? —A esta señora, madre de cinco, ya no afectaban demasiado determinadas conductas alimentarias de sus retoños.

—Pues no sé, la cantidad no lo sé. Pero vamos, que tienes que bañarle otra vez tú, porque huele...

«Y un poquito de elixir bucal, porfa.»

Carmen, directora de Mis Pollitos, tuvo un caso similar, pero la suya sí que era una verdadera artista. La pequeña en cuestión pensó en redecorar su vida una tarde con su propia pintura, armando el lío en el baño. La reprendieron convenientemente: «¡Eso no se hace! ¡No se mete la mano en la caca!» Mensaje captado. Unos días después, hizo exactamente lo mismo, pero esta vez atendió fielmente a las recomendaciones de sus educadoras y utilizó un pincel.

Mientras dormían la siesta los chavales de Mis Pollitos, las educadoras escuchaban por el intercomunicador. Poco faltaba para la hora de levantarse cuando Luz María oyó cómo alguien se revolvía insistentemente en su cuna. Acudió rápidamente para contemplar la obra de P., una pequeña incontinente. «Había preparado la de Dios» con el fruto de su vientre. Curiosa sobre el contenido de su pañal, «había pintado/pringado cara, pelo, sábanas, cama...». Una obra de arte que hacía insoportable el olor del aula, al menos para todo aquel que no durmiese como un lirón en las cunas de al lado. Hubo que levantar a todos los niños y pasar a la artista por el túnel de lavado mientras su madre, que ya tenía experiencia en estos avatares, miraba desde el otro lado de la puerta.

En casos de deposición fuera de sitio, lo mejor es diseminar las pruebas. Algo así como lo que hacía Tim Robbins en *Cadena perpetua* cuando esparcía por el patio de la prisión la arenilla que sacaba de perforar un túnel en la pared de su celda. No se llamaba Andy Dufresne, pero uno de los alumnos de Chikilandia hizo eso una vez por el patio de la escuela con las bolitas que se quitaba del calzoncillo. Lo malo es que, a diferencia de la arenilla que esparcía Robbins, esas bolitas olían a rayos, lo que puso en alerta a los guardas.

Si la evacuación ha rebasado los límites del pañal y hay que cambiarlos de ropa, ojo con dejarlos solos para que se cambien. Se puede uno encontrar, como le pasó a Aurora al ir a por ropa de repuesto, con que se animen ellos mismos a lavar lo ensuciado. Y si tiene que ser en el agua del váter, qué le vamos a hacer. «Allí estaba ella, con el culete al aire, toda dispuesta, aclarando la ropa en el agua del inodoro.»

Cuando una educadora desabrocha un pañal, espera encontrar lo que espera encontrar, acabamos de ver algunos ejemplos. Material para la basura orgánica, básicamente. Lo que no espera uno es toparse con gusanitos, arena, anillos... Incluso ¡estampas de santos!, como me escribe Almudena. Lo sé, no hay explicación posible y Almudena no me la da. ¿Cómo han llegado hasta ahí y por qué precisamente estampitas? No lo sé. Piensen lo que quieran.

Y TÚ, ¿DE QUIÉN ERES?

Los niños tienden a pensar que sus educadoras son parte del mobiliario de la guardería. Cuando llegan por la mañana están allí y cuando se van por la tarde allí siguen. Si los niños ven a sus profes fuera de la escuela, muchas veces no asocian la cara que están viendo con el entorno en que la ven, menos aún si las ven sin uniforme. Como cuentan Marga, Susana y Cecilia, «cuando te ven en una ubicación distinta a la guardería, a-lu-ci-nan. Ellos creen que eres parte de la guardería y piensan "¿Qué hace esta aquí, en Carrefour? No puede ser". Hay muchas veces que se asustan cuando te ven fuera, pero es que hay otras veces que ni siquiera te reconocen».

Un día que Luz sacaba la basura de la escuela Mis Pollitos de Salamanca, M., que había salido hacía un rato, le dijo a su madre: «Mira, mamá. Sale Luz de su casa. Tiene una casa muy divertida y van todos mis amigos.» María B. cuenta que cuando los niños la ven paseando por Plasencia no le hacen caso, no la asocian. «Muchos se creen que vivo aquí, que esta es mi casa.» Salvando las distancias, cree que los padres también le tienen asignado un papel como una Mary Poppins que pierde su magia cuando está fuera de Lala Lunera. «Parece que no puedes tener tu propia vida fuera.» Y cuenta la vez que una madre la encontró sentada en una terraza, fumando un cigarrillo y casi le da un soponcio: «Esto en la vida me lo imaginaba. Se me acaba de caer un mito.» «Que yo también tengo mi vida. ¿Es que voy a tener que estar fumando a escondidas? Como que tienes un papel y tienes que mantenerlo siempre.»

Y es que hay algunas que no lo abandonan, no se despojan del uniforme de educadora, como Sonia, que no puede evitar, cuando ve a un niño llorar fuera de Cucutras, hacerle un «tch, tch, tch».

Aunque esto pueda parecer una contradicción con lo anterior, los niños no solo ven a sus profesores y profesoras como muebles móviles de la escuela, sino que a veces, por la cantidad de tiempo que pasan con ellos, los perciben como figuras importantísimas para ellos. Cuando María B. amamantaba a su hija en la escuela, varios alumnos pidieron a sus madres que les dieran el pecho, como hacía su profe. También pedían a sus madres que se peinaran como ella, que se compraran cosas que ella tenía... Una de sus alumnas, incluso, mantuvo una difícil conversación con su madre, separada:

—Tienes que querer mucho a papá, porque si a mí me pasa algo, te vas a quedar con él.

—¿Y si a papá y a mamá os pasa algo?

—No, hombre, cariño...

—Pues entonces yo me voy a quedar con María y con su niña. —Y la pequeña tenía abuelos, hermanos, etc...

A Nuria la esperan los niños los sábados y los domingos a la puerta de su escuela. «No abro, pero como pasan por allí... Dicen "Voy a esperar a Nuria". Y sus madres les responden que no está abierto. "No importa, yo espero que pase la furgoneta." Y yo soy... Recta no. Soy un sargento de la Guardia Civil.» A María G., la de Olite, fueron todos a verla el día que se casó, solo por verla vestida. Una niña de Trastes Los Rosales, un día que una educadora se encontró mal, quiso abrazarla y cuidarla, como hacen ellos con los pequeños.

En Cucutras, hubo una niña que siempre tuvo una inclinación especial hacia Marta. La llamaba mamá y la consideraba su mamá, aunque no fuera la única. Incluso hacía por duplicado las manualidades del día de la Madre. «Ya desde bebé, cada vez que entraba era como una necesidad. Cuando solo gateaba, giraba el cuello como una tortuguita cuando oía a Marta, aunque no la viera. Y en medio de clase, si Marta no estaba, preguntaba si podía ir a verla.» También a Marga la han llamado mamá en Cáscara de Nuez. «Mamá... Esa palabra es demasiado, es muy grande.»

Aunque en Party una gran parte de los alumnos son extranjeros, Ana se maneja por una ley inmutable: «Esto es la colita internacionalmente.» Y es una norma que inculca a sus educadoras, pese a que la mayoría son andaluzas. «Me niego a que ningún niño de mi escuela diga *"pisha"*. En mi centro se dice "colita".» Y punto. Y el que trabaje allí, tiene que cambiar el chip y ponerse en modo guardería en cuanto pase por la puerta para que no se le escape ningún taco. Pero cuando estás en un centro en el que la mayoría de los alumnos son extranjeros, donde se habla una jerga que toca varios idiomas, la cosa se pone difícil a veces. Por ejemplo, en una situación tan complicada como elaborar una manualidad en el aula con los niños. En ese caso, a Ana puede ocurrírsele pedir a su compañera un «cacho de tela». Y cuando haces eso y tienes delante a F., un niño de cuatro años italiano, el crío cae víctima de un ataque de risa, y empieza a decir «*Che cosa ha detto?*» («¿Qué ha dicho?»). Y Ana se ve apurada y trata de explicar al bambino que lo que ha dicho es una *parola spagnola*, «cacho, *spagnolo*, un trozo», porque él ha entendido «*cazzo*», que en italiano significa polla. Perdón, colita.

Y luego hay que ir con el cuento al padre, no sea que el niño le cuente que sus profes van por ahí diciendo palabrotas en un centro en el que está prohibido decir «*pisha*». Y mientras, sigue con el ataque de risa.

—¡Ah, mira! Eres tú la de las eses.

Miriam sostiene que las profes de guardería no solo están para limpiar mocos o cacas y dar de comer. Los niños aprenden con ellas infinidad de cosas y se llevan multitud de detalles. De Miriam se llevan las eses. ¿Que cómo es esto? Miriam es de Almería, pero se crio en Ibiza, así que es de las pocas personas de la ciudad que pronuncian las eses.

—¡Ah, mira! Eres tú la de las eses. —Eso le dijo a Miriam la abuela de J. en una de las fiestas de Navidad. La buena señora se explicaba ahora por qué «llevaba tres meses *partía* de risa» de escuchar que su nieto era el único que decía «graciaS», «adióS» o «haSta luego» en una casa donde «somos todos tan burros que ninguno pronuncia la ese». «Hasta me dio un poco de pudor, de vergüenza», dice Miriam, por ser la responsable de que ese niño hablase tan fino.

Para más abundamiento, este chico tan fino tenía un hermano gemelo. En este caso, papás y educadores optaron por separarlos. ¿Resultado? Una pareja con igual tamaño, pelo igual, rostros iguales, iguales ojos e igual boca que habla diferente, con distintos acentos, porque C. no tuvo a Miriam de profesora, sino a una natural y acentuada de Almería. Y pasa el tiempo, y los padres aseguran a Miriam que, pese a lo que lleva ya en el cole, J. sigue con esas eses tan finas que no tiene nadie más en su casa.

Ana es pelirroja y sabe por experiencia propia que el aspecto puede impresionar a un niño y sacar de él reacciones inesperadas. Algunos se asustan de Ana porque la ven como «la bruja piruja, la de los pelos rojos. No sabes lo que es, algunos me miran con cara de "Dios mío lo que viene por ahí"». Tiene una empleada sudafricana y mulata y algunos críos «la miran como "Pero, ¿esta qué es?"». Y no es racismo, porque como dice Ana, un niño de tres años no tiene ese concepto. Y recuerda la exclamación de B. al ver a un nene negro: «¡Huy, qué asco!» Y cómo la madre casi le cruza la cara por racista. «Si él no sabe lo que es el racismo. Lo que pasa es que ha visto a ese, que es negro como el betún y ha dicho lo que ha dicho. ¡Pues claro! Si aquí estamos todo el día diciéndoles: "Te has ensuciado, límpiate, límpiate." Pues claro, al ver al otro habrá pensado "Qué sucio va. Qué bien se lo ha tenido que pasar".»

EL MISTERIOSO CASO DE LOS NIÑOS LEVITANTES

Hasta donde hemos podido averiguar, los niños, por más que cambien en la escuela con respecto a su casa, no vuelan ni en una ni en otra. Pero...

Cuenta Ana que en la zona de Marbella en la que ella tiene su escuela, helicópteros de la policía suelen pasar bastante bajos. Y que los niños, como es evidente, tienen la costumbre de saludarlos cuando los ven pasar, igual que les dicen adiós a los aviones o a los coches cuando van paseando. Una mañana, los niños de Party saludaron a los tripulantes de un helicóptero policial que no tendría demasiado que hacer.

«¡Adiós, adiós, buen viajeeee!», gritaban los niños.

«Total, que aquel día, la policía, muy graciosa, comenzó a bajar el helicóptero.» Los niños, por supuesto, cuanto más cerca estaba el aparato, más se emocionaban:

«¡Adiós, adióóóóósssss!» Y el helicóptero «iba bajando, bajando, saludándonos; ya veíamos a todos los polis con la manita haciéndoles hola y adiós a mis niños».

«Y de repente hubo el efecto ese de aspiración. Mira, yo, cuando en ese segundo veo que todos mis niños, los pelos para arriba, las camisetas para arriba... Mira, creía que me moría, que se me iban todos para las hélices. Espantoso.»

Escucho esto de Ana y me pregunto si ese efecto, de haberlo, puede hacer levitar a un niño, separarlo del suelo y lanzarlo por los aires. Consulto a una escuela de pilotos de helicópteros y me confirman que existe ese efecto en determinadas circunstancias. A ver si soy capaz de explicarlo. Cuando los helicópteros están en vuelo estacionario, es decir, parados, cerca de tierra, las aspas envían con fuerza una corriente de aire hacia el suelo. Al chocar con el suelo, este aire sale hacia los lados y si esa corriente lateral choca a su vez con una pared, como la del patio de una guardería, vuelve a ascender. Es algo que se llama flujo inducido. Lo que no parece es que sea capaz de levantar a un niño, salvo que se trate de un helicóptero enorme. Pero yo esto no lo sabía hasta que lo consulté en una escuela de pilotos y me da la impresión de que Ana tampoco.

Así que se puso un pelín nerviosa. «Pasé miedo. Y claro, yo empecé: *"¡P'arriba, p'arriba! ¡Subid, subid, subid!"* Porque, vamos, que lo siguiente era que mis niños salían disparados para arriba. Empezaron a subírseles las camisetas y eso. Y los pelos, todo, todo, todo, *p'arriba*.» Me imagino que Ana, presa de un «subidón de adrenalina», a punto estuvo de crear su propio efecto de succión mientras braceaba para decirle al piloto de la policía que se alejara. Y mientras, «los niños, encantados». Afortunadamente, ninguno de ellos llegó a levitar.

BLASFEMIAS

En la asamblea, una profesora de El Bibio relata a sus alumnos, los de la clase de los Leones, por qué no ha estado en los últimos días. Ha ido a Polonia varios días como parte de un intercambio de profesores. En vez de pasar la estancia en un hotel, estuvo durmiendo en un monasterio.

—¿Y qué es un monasterio? —pregunta una niña. Para que otro le responda:

—Pues donde entierran a los monos, ¿qué va a ser?

Me encanta esa lógica sin contaminar que tienen los críos.

Clase de religión, también en El Bibio. La profesora explica a los pequeños que Jesús sanaba a los enfermos. La ilustración en que basa el relato muestra a Jesús dentro de una casa, donde obra sus milagros, mientras una multitud se agolpa en el exterior. Un grupo de personas mete a un enfermo en una camilla por una ventana, quizás una puerta, estas casas de hace dos mil años nunca se sabe. Tras contar la historia de las sanaciones y a la vista del dibujo en el que le hacen llegar ese enfermo, la maestra pregunta:

—¿Qué fue lo que hizo Jesús entonces? ¿Qué dijo?

La conclusión a la que llegaron los críos fue que Jesús

estaría enfadado y que iba a reñir a los de la camilla por haberse colado, por haber pasado por delante de toda la gente que esperaba fuera de la casa. Pobre hombre. Él, que necesitaba una milagrosa intervención divina, y lo que se va a llevar es una bronca.

Otra clase de religión, la cosa da juego. La profesora les dice a los chicos, de apenas tres años:

—Al principio, todo era oscuridad, no había nada…

—No había ni Dios.

Muchacho irreverente.

LA CALIDAD ANTES QUE NADA

A. acababa de dejar el pañal y estrenaba calzoncillos. Estaba tan contento él. Tanto, que quiso hacer partícipe a su «seño», Miriam, de su nueva prenda.

—Mira, seño. ¡Calzoncillos!

—¡Anda, A.! ¡Qué bien! Llevas calzoncillos, como papá. Si es que eres muy mayor ya, ya no llevas pañal. Muy chulos tus calzoncillos. —Hay que celebrar por todo lo alto este tipo de logros.

—Sí, son calzoncillos. Me los ha comprado mi mamá en la tienda.

—¡Qué suerte! ¡Qué bien! En la tienda te los ha comprado tu mamá.

—Sí, seño. En la tienda, me los ha comprado mi mamá en la tienda, ¿eh? En la tienda.

—Sí, en la tienda. —El asunto de la tienda estaba cobrando una relevancia inusitada—. En la tienda, en la tienda, ya está. Te los ha comprado mamá en la tienda, sí.

—Seño, es que no se compran en los chinos.

—¿En los chinos?

—No, en los chinos no se compran porque me pican los huevos.

Ante tan sabia reflexión, ¿qué hacer? ¿Qué decir?

No era A. un chico como para guardarse sus reflexiones, claro. Un poco antes de este episodio, recién estrenada su libertad de cintura para abajo, estaba sentado en la cama a la hora de la siesta, se había despertado antes que sus compañeros. Algo lo tenía desvelado. Miriam entró y se lo encontró despierto.

—Seño, ¿sabes que yo tengo tres ojos?

—Ah, ¿sí? ¿Tienes tres ojos? Entonces debes de ver un montón, ¿eh? —Intento de desviar la conversación infructuoso.

—Seño, ¿a que no sabes dónde tengo el otro ojo?

Hasta aquí voy a contar. A buen entendedor... Es lo que tiene que los niños descubran su cuerpo, todo él. Incluyendo esas partes que el pañal les ha tenido ocultas durante más de dos años.

En esa misma época, cuando los peques empiezan a hacer sus necesidades sentaditos, es cuando las niñas descubren lo que los niños tienen entre las piernas y viceversa. La curiosidad, curiosamente, se traslada inmediatamente a la punta de los dedos, me escribe Estefanía.

FRASES

Marisol me envía un par de duelos dialécticos. El primero tiene lugar después de la siesta, cuando los va llamando para peinarlos. Mientras desenreda a unos, el resto juega. «Mientras juegan en la alfombra, siempre les pregunto:

»—¿Qué os saco para jugar?

»—Marisol, baja las instrucciones.

»—¿¿¿???—Al poco miro al mueble y caigo en lo que me quiere decir. Construcciones.

»—Lo que quieres decir es que os baje las construcciones.

»—Sí, eso. Eso es lo que queremos, las construcciones. ¿Sabes, Marisol, que a mí me gusta subir en los parques de instrucciones con mi padre?»

Ya en el momento de la salida, la profesora se interesa por la vuelta a casa de los pequeños. Les suele preguntar quién va a venir a recogerlos. Un día, las tornas se vuelven y son los críos los que se interesan por la vuelta a casa de la profesora.

—Y a ti, Marisol, ¿quién te recoge?

—Nadie. Yo ya soy mayor y me voy sola a casa.

—¡Te recoges tú misma!

Entre las primeras cosas que enseñan a los niños en las escuelas infantiles están las emociones. Con caritas pintadas o con fotos, aprenden lo que es estar feliz, triste, enfadado, sorprendido, asustado... Marisol topó una vez con Juan Sin Miedo. «Yo no sé lo que es un susto», le dijo uno de los peques. A ver cómo explicas a un niño de dos años lo que es un susto sin pegarle uno. En fin. Tirando de ejemplos simples: «Pues mira, ayer estaba yo en casa, leyendo tranquilamente cuando, de repente, pasó una moto que hacía un ruido muy fuerte, muy fuerte, y me asusté, pegué un brinco...» Ella es muy dramática. Pero sin resultados.

«Pues me tienes que llevar a ese sitio donde dan sustos.» Con esa carita que Marisol no va a olvidar...

María G. también se ha molestado en recopilar algunas conversaciones con esos pequeños intelectuales cuyo pensamiento discurre por un universo paralelo mucho más rico que el de los adultos. Como esa que tuvo con I., recién iniciado en eso de ir al baño. Al terminar de obrar, la maestra tiró de la cadena y, milagrosamente, «el agua se llevó todo salvo un poquito de rastro que se quedó en la taza». I., víctima de ese irrefrenable deseo que lleva a todos los niños a asomarse al inodoro a ver lo depuesto, se acercó a mirar y dijo: «María, tienes que cambiar de pilas al baño porque no funciona bien.»

Cuando en Chikilandia juegan con las comiditas y la cocinita, se practica la recogida selectiva, como con la basura. Utensilios de cocina van en una cubeta, alimentos en otra. M., que aún no distinguía del todo entre los conceptos de utensilio de cocina y alimento, se presentó ante su profe con varios alimentos en la mano. Mirando las cubetas, preguntó: «Profe, ¿dónde vive el tomate?»

También sobre alimentos, una pregunta relativa al marisco y otros «animales del mar que se comen»:

—¿A quién le gustan los langostinos? —pregunta la educadora. Y L. responde:

—A mí. Porque están rellenos de gamba.

El descubrimiento del cuerpo humano da lugar a preguntas difíciles de responder y a otras que no lo son tanto. Mirando fijamente cómo se transparentaban las venas en el brazo de su profesora, E. le preguntó: «Vania, ¿por qué te has pintado unas rayas verdes en el brazo?

Los sentidos también son contenido fijo de los primeros años de escuela. Dan lugar a algunos sinsentidos. Como este:

—¿Para qué sirve la nariz?

—Para sonarse los mocos. —Respuesta de Y.

O este, de una ingenuidad que desarma:

—Tapaos los oídos. Vale. ¿Me oís? —pregunta la profe. Y responden unos cuantos:

—¡Nooooo!

TINTO DE VERANO

Vivir en un pueblo de unos cuatro mil habitantes, como es Olite, tiene sus ventajas, pero también sus inconvenientes. Una de las ventajas es que uno conoce a casi todo el mundo y casi todo el mundo conoce a uno, sobre todo si tiene la única guardería del pueblo. Uno de los inconvenientes es que uno conoce a casi todo el mundo y casi todo el mundo conoce a uno, sobre todo si tiene la única guardería del pueblo. Está mal cuando un niño le cuenta a sus abuelos que en la guardería dan a los niños vino con gaseosa para comer, porque se puede presentar toda la familia a pedir cuentas. Y está bien que cuando se presentan alarmados los abuelos a preguntar qué es eso del vino, María G. puede perfectamente decir: «Pero, vamos a ver, abuela de tal....» Y ella contestar: «Porque os conozco de toda la vida, que si no, hubiese pensado...»

Otra de las diferencias entre la vida en el pueblo y la vida en la ciudad en su relación con la guardería tiene que ver con los medios de transporte, coche, bici, autobús, tren, avión. En Chikilandia estaban trabajando este tema, que suele gustar mucho a los pequeños, y pidieron la colaboración de los padres, para que fueran señalando a los críos los distintos vehículos. «Uno de los padres decidió colaborar de manera todavía más práctica y vino a recoger a su hijo... en tractor.» La cara del resto de compañeros debió ser un poema. La de orgullo de padre e hijo al subirse a su tractor como el que se sube a una carroza después de una boda real tampoco debió desmerecer.

SALIDAS FUERA DE TONO

María B. cuenta que el momento «más caótico» del día es cuando llegan las dos de la tarde y empiezan a marcharse los críos a casa. Vamos a dejar que lo describa ella, que lo hace mucho mejor que yo. «Entre las dos y las dos y media se van casi todos. A la vez, entran los que van de tarde. A eso añadimos que siempre hay alguno que se hace caca justo antes de irse, siempre hay alguno que se tira el vaso de agua encima, otro que no encuentra su zapato, que se lo ha quitado y no me digas dónde lo ha puesto que no se encuentra por ningún lado. A todo esto, sabes que van a venir los padres. Entonces, corriendo para un lado, corriendo para otro, luego el otro que se hace caca, el otro con la mochila, el otro que se ha traído un juguete, que no me gusta que se traigan juguetes, pues nada, se tiene que traer el juguete y se acuerda a la hora de irse, ¿dónde está el juguete? ¡Puff!, yo qué sé dónde está el juguete... Ese rato es horrible, es un momento de ir con la lengua fuera, corriendo, corriendo, corriendo. Claro, y luego es que los niños tienen que salir limpios, con la colonia echada, peinados, con todo. Son tantos niños que muchas veces uno justo tiene los mocos, cuando lo vas a coger, en ese segundo tiene mocos y claro, a los padres no les gusta que tengan mocos, lo mismo se puede creer que lleva los mocos todo el día. Es que los niños son así. O se hace caca justo cuando el padre está llamando al timbre, eso me ha pasado cantidad de veces. Que lo entrego y se acaba de hacer caca, porque lo acabo de cambiar. Pues nada, otra vez. Que digo "¡Dios mío, qué vergüenza!". Claro, porque se creerán que... O el chupete, ¿dónde ha metido el chupete?, madre mía, madre mía, a última hora ¿dónde ha puesto el chupete?, que lo ha tenido toda la mañana ahí y lo vas a coger y no está...» Y suspira.

Así, no es de extrañar que ocurran cosas como la que le pasó a Ana una tarde, hace años ya. «¿Estamos todos, estamos todos?» Pues hala, para casa. «Y cierras el centro y menos mal que cuando vas pasando por la carretera ves a uno en la reja de dentro. Y este, ¿qué hace aquí? ¡Jimmy!» Ana lo recuerda con mucha gracia, y recomienda: «James, Jaime... divertidísimo. No les pongas nombres con J a los niños porque son los más trastos del mundo.» Sí, se habían dejado olvidado a un niño dentro, aunque, por suerte, nadie había llegado a marcharse todavía. «Vas dando vueltas por todos lados, como hacemos siempre. Se había escondido y, como somos tantas educadoras, nos habíamos pensado que lo habría entregado fulanita o menganita.» Una por otra y la casa sin barrer. «Y este estaba en el patio de fuera, en la reja, encantado de la vida, mirando los coches, que lo habíamos dejado ahí.»

A Paula también se le escondieron dos, pero la cosa fue un poco distinta. La escuela de Paula es parte de un edificio y tiene un antepatio que también da acceso a ese edificio. Allí es donde entregan a los niños y donde suelen tener un ratito de charla con los padres que van a recogerlos. Ese fue el caso con la mamá de una pareja de dos. «La madre se entretuvo un poco hablando conmigo. Al rato se fue y al poco vuelve otra vez y que no encontraba a los niños.» Como por arte de birlibirloque se habían evaporado los dos artistas sin dejar rastro. Momento de pánico, claro. «No aparecían y no aparecían. Los buscamos por el jardín, por todas partes... Y nada.» Así, durante diez, quince minutos. Buscaron por la escuela, por el edificio, porque sabían seguro que no habían traspasado la última puerta, la que da salida a la calle. Al final, a Paula se le ocurrió preguntar por el edificio y a la primera que preguntó fue a la señora T., una vecina de ochenta y tantos que tiene alguna relación con esta madre. «Voy a llamar aquí, a ver si los ha visto o algo.» Allí estaba la pareja, «tumbados en el sofá, viendo la tele y comiendo galletas, tan tranquilos». Debieron de llamar a su puerta, se metieron y tan felices. «Dirían "Mi madre se entretuvo ahí, pues hale".»

EN LA HORA DE LA DESPEDIDA

Ya hemos visto cómo se van los niños de la guarde, así que, como intuirán, ya estamos llegando al final. No sé ustedes, pero yo soy de los que se encariñan. Hasta con este libro me he encariñado, con las historias, con las personas que me han recibido o cogido el teléfono. Y cuando llega la hora de la despedida, sufro mucho. Como mis educadoras.

Imagino que estar condenado a perder de vista cada año

a un grupete de críos que han sido una parte importante de tu vida durante uno, dos o tres años debe de ser muy, muy duro. Si uno le toma afecto en un tiempo determinado casi a cualquier persona, imaginen a esos enanos a los que has visto empezar a andar, a hablar, a moverse, a compartir, a reconocer, que han pasado de comer en biberón a comer papillas y luego alimentos sólidos, que han empezado a llamarte por tu nombre, que han pasado de llorar en la entrada a llorar al salir, que te han hecho mil perrerías, que se han hecho amigos, se han peleado, se han querido, que han aprendido a dar abrazos y besos, que, como dice Blanca, te dicen «guapa» en tu peor día y te dan un abrazo, que se lanzan hacia ti cuando entras por la puerta o te dicen que te quieren sin venir a cuento, que se arremolinan a tu alrededor sin darse cuenta mientras le estás dando de comer a uno, como me cuenta Gema... Despedirse de ellos debe de ser durísimo. Y más aún cuando eres consciente de que malamente se van a acordar de ti apenas unos pocos meses después de dejarte con el corazón encogido.

«La última vez que ensayaba el bailecito de fin de curso me tuve que ir, porque estaban bailando y veía imágenes de cuando eran bebés. Unos lagrimones... Que sí, que es un trabajo, pero es que pones un montón», explica Sonia. «Recibes un montón», remata Blanca. «Mucha gente dice que te acostumbras», dice Marta, para que Blanca haga valer su experiencia: «Que no.»

Javier se propone siempre no llorar, «pero al final es que te vinculas mucho con los niños. Tres años son muchas historias». «Es un horror cuando se van, y lo peor de todo es que se olvidan muy rápido de nosotras», se lamenta María G., y eso que ella lleva cierta ventaja, porque en

Olite es más probable que los vuelva a ver que en una población grande. A María B., la de Plasencia, se le va el sueño cuando se acerca la salida: «Lo paso muy mal, de verdad. Es que los quieres de verdad, se los echa mucho de menos.» «Cada año nos hartamos de llorar», confiesa Miriam, que pensaba que, siendo encargada, no tutora de ninguna clase, iba a salvar el trance más entera, pero que no puede evitar el llanto cuando los peques dan por hecho que se van al cole de mayores y sus seños se van con ellos. «Y si te ven llorar, se asustan a veces.»

—¿Qué te pasa, seño? ¿Por qué lloras?

—Es que estoy triste porque os vais a ir y...

—Pues no nos vamos, seño, nos quedamos.

—Es que van a venir otros niños, bebés, y tenemos que dejarles sitio.

—Pero si aquí cabemos todos...

Ana intenta enfocarlo de otra manera. «Te tienes que hacer duro, pienso que es como un médico cuando se le muere su primer paciente.» Pero al final es lo mismo: «No sabes lo que se llora, es que te desgarras», describe, y ella no tiene el consuelo, no a menudo, de volver a verlos, porque muchos de sus alumnos son extranjeros. Delfina también habla de endurecerse, «si no, no podrías trabajar», pero termina comparando la marcha de los diablillos, que igual te han hecho la vida imposible, con la pérdida de un ser querido.

Marga reconoce que lo pasa mal, pero pone al mal tiempo buena cara. «Claro que da muchísima pena, pero es alegría en el fondo. O sea, van a empezar una nueva vida. Se van a hacer fuertes y a ser unos campeones y los más valientes del cole. Nuestro sentimiento es el de "Sal a por ello, ve al cole y sé el mejor, que vienes de Cáscara de Nuez".»

Endurecerse con los años, tratar de ver la despedida como un paso hacia delante... Son formas de pasar un trago que, quieran o no, es amargo. «Es lo peor del trabajo. Te mueres un poquito cada año», me dice Blanca. Y cada año renaces otro poco. Hasta el siguiente.

EPÍLOGO

La primera vez que llevé a mi hijo de diez meses a la guardería, justo al cerrarse la puerta de la recepción —no se podía pasar más allá—, pensé: «Su primer día de clase.» Con suerte, recuerdo que se me pasó por la cabeza, sería el primero de, al menos, veinte años, siempre dependiendo de los sistemas educativos por los que tenga que pasar y de que me traiga a casa varios suspensos, en cuyo caso... Bueno, al menos veinte años entrando y saliendo de alguna aula, como me tiré yo mismo, y su madre. Si empiezo trayendo esto a colación no es por el vértigo de echar la vista veinte años hacia delante al dejar al crío en brazos de una perfecta desconocida, que también, sino por el hecho de ser consciente, por primera vez, de que estaba dejando al chico en una escuela.

Ni me había dado cuenta del proceso mental que había experimentado desde el momento en que comencé a pensar que en algún sitio tendría que dejar al chaval. Cuando empezamos a visitar guarderías, tenía este concepto en la cabeza: guardería. La imagen que veía era la de un sitio pintado de colores pastel, atendido por chicas muy cariñosas vestidas de chándal, donde el niño se iba a quedar e iba a ser mantenido con vida mientras su madre y yo trabajábamos. Solo pensaba en la parte asistencial de estos centros: limpiar mocos y cacas, cambiar pañales, dar de comer, poner a dormir. Quizás algo de cariño. Después de hablar con unas pocas y sin darme cuenta hasta ese día uno de esos veinte años, la idea pasó de «Sitio-donde-mantienen-vivo-a-mi-hijo» a «Sitio-donde-va-a-aprender» o «Su-primer-cole».

Grandioso proceso mental el mío, lo sé, pero no exclusivo. Mal de muchos... Las educadoras y el educador que han charlado conmigo, cogido el teléfono o enviado correos, y han sido unos pocos, me han dicho que somos muchos los padres poseídos por la idea del «aparcamiento de niños». No muchos se dan cuenta, y yo el primero, al menos hasta ese día uno, de que donde estamos llevando a nuestros niños es a una escuela. Por no darse cuenta, no se da cuenta ni el actual ministro de Educación, José Ignacio Wert, que en sede parlamentaria, el 31 de enero de 2012, soltó que la educación infantil «no es educación, sino conciliación». Vamos, que volvemos a las guarderías.

Guarderías. Ese concepto del que los educadores echan pestes, precisamente porque remite a la idea del «aparcamiento de niños». Así que, si buscan una guardería para sus hijos, no encontrarán prácticamente ninguna; lo que encontrarán son escuelas infantiles. Así prefieren los profesionales que las llamemos. Pero el lenguaje pertenece a quien lo habla, así que tampoco es fácil encontrar a un padre que asegure llevar a su hijo a una escuela infantil, pero los hay a patadas que lo dejan en la guarde. El primero, el que firma estas páginas. Páginas, por cierto, que están llenas de «guarderías», además de «centros», «escuelas infantiles» y cuanto sinónimo he podido encontrar para no repetirme como una cacatúa. Hasta «*escoleta*», una palabra deliciosa que debo a María Aguiló.

Los educadores defienden que están para educar, para enseñar, no para limpiar cacas, aunque también lo hacen. No reniegan de la labor asistencial. En las charlas que he mantenido para este libro, no he oído ni una queja por limpiar los torrentes de mocos que un niño es capaz de producir, ni un lamento por retirar las cantidades industriales de estiércol que han de retirar, y, en cambio, sí me he encontrado no menos de media docena de casos en que uno de ellos ha salvado la vida a un niño: atragantamientos, convulsiones febriles, golpes, reacciones alérgicas... ¿Se habían parado a pensarlo?

Pero estos maestros sí reivindican su labor educativa y yo lo hago con ellos. ¿O es que no se han dado cuenta de que nuestro pequeñín, o el de otro, al salir de la guardería para ir al colegio sabe hablar, comer, andar, ir solo al baño; distingue formas, colores, eructos de pedetes; reconoce letras, su nombre escrito, quizá lee textos básicos; conoce infinidad de conceptos, nombres, objetos, animales, personajes de cuentos; sabe dar las gracias y pedir las cosas por favor, aunque no lo haga casi nunca, el muy...; maneja algunos utensilios, con especial predilección por esos chismes electrónicos que tanto nos han costado y que tan propenso es a dejar caer; es capaz de fingir el llanto, el canalla de él; puede ponerse en el papel de otro cuando juega; es capaz de respetar turnos, de abrazar a un amigo...? Cierto es que algo de eso habría aprendido de todas formas, pero menos y más lento. Y le habría faltado el contacto con otros semejantes bajitos, aspecto este también bastante importantillo, por cuanto no queremos tener setas intratables, por si alguna vez decidimos retomar algo de nuestra vida social pre-hijos y tenemos que llevarlos con nosotros. En fin, que lo que se ha pretendido aquí es hacer visible una labor doble, educativa y asistencial. Porque esa es otra. ¿Alguien ha estado un ratillo en una *escoleta* para saber qué diantres hacen esos enanos desde las ocho de la mañana? No muchos. Yo no, desde luego, no hasta ahora, no desde que iba al preescolar de la señorita Consuelo, que recuerdo a jirones. Primero, porque en muchas de estas escuelas no se puede, no lo permiten. La mía era así. Y segundo, porque dejamos al bicho medio dormido allí y nos vamos, a trabajar o a lo que sea, con lo cual, aunque pudiésemos, no estamos ahí para verlo. Es cierto que ahora las escuelas hacen un esfuerzo de transparencia y de apertura y cada vez son más las que abren sus puertas a los padres o ponen cámaras web. Gracias a Dios, la de mi hijo no tenía, porque me hubiese pegado como una lapa a la pantalla en la oficina para intentar distinguir cuál de esos torpes monigotes era MI monigote y qué demonios estaba haciendo.

Como tampoco es uno una pluma cervantina ni tenía intención meterles un tocho infame sobre grandes conceptos, la forma en que he intentado echar un vistazo a las guarderías ha sido en forma de casos, pequeñas historias, anécdotas que han sucedido en o en el entorno de esas escuelas, o protagonizadas por su personal o los pequeños que a ellas acuden. Y para que todo se parezca un poco, siquiera un poco, a lo que es una guardería, las he agrupado en las partes en que, minuto arriba, minuto abajo, se divide una jornada escolar, además de dedicar alguna página a otros protagonistas de este negocio: los padres, auténticos cracks, en ocasiones. Los accidentes ocurren y también los hay, así como enfermedades e historias dolorosas. Y, sobre todo ello, un par de docenas de personas que me las han contado y a las que este libro está dedicado.

ÍNDICE